AF368608

VIE

DE

LA RÉVÉRENDE MÈRE

LOUISE VIGNON

Religieuse de Nazareth

QUATRIÈME SUPÉRIEURE GÉNÉRALE

DE LA CONGRÉGATION

LYON

IMPRIMERIE DES MISSIONS AFRICAINES

150, *Cours Gambetta*, 150

1923

VIE

LA RÉVÉRENDE MÈRE

LOUISE VIGNON

Religieuse de Nazareth

VIE

DE

LA RÉVÉRENDE MÈRE

LOUISE VIGNON

Religieuse de Nazareth

QUATRIÈME SUPÉRIEURE GÉNÉRALE

DE LA CONGRÉGATION

LYON

IMPRIMERIE DES MISSIONS AFRICAINES

150, *Cours Gambetta*, 150

—

1923

VIE

DE

LA RÉVÉRENDE MÈRE

LOUISE VIGNON

Religieuse de Nazareth

CHAPITRE I

ENFANCE ET JEUNESSE

Jeanne-Marie-Louise Vignon naissait à Lyon le 20 février 1829. D'une honorable famille de commerçants, son père, M. Claude Vignon, intelligent, laborieux, très délicat en affaires et en amitié, d'une serviabilité à toute épreuve, était sans ambition, et le mauvais état habituel de sa santé ne lui permit pas d'arriver à la fortune. Madame Vignon, orpheline de bonne heure, avait grandi auprès de sa grand'mère maternelle, Mme Gazenchin, née Fougerousse de Malleval. Vive et enjouée, d'un tempérament énergique, elle fut admirable de dévouement auprès de son mari, avec qui elle supporta courageusement les difficultés et les charges d'une famille de cinq enfants.

Deux frères, Michel et Joannès, avaient précédé Louise en ce monde. La petite fille fut envoyée en nourrice à la campagne aussitôt après son baptême et revint à Lyon quand elle pouvait déjà parler.

L'atmosphère de la ville, l'exiguïté d'un modeste appartement semblaient comprimer cette nature exubérante : il lui fallait l'air des champs et la liberté. Sa marraine, tante maternelle de M. Vignon, insista pour qu'on lui confiât Louise ; il y allait de la santé, peut-être de la vie de l'enfant ; on accepta avec reconnaissance l'offre de cette parente.

Veuve très jeune de M. de Gérin-Roze et mère de trois enfants, elle avait, pour assurer leur avenir, contracté successivement deux nouvelles unions, puis s'était retirée à Bourgoin, seule, et quelque peu aigrie par ses malheurs et son triple veuvage.

La pauvre femme installa donc sa filleule à son triste foyer. Louise, à quatre ans, avait l'intelligence très ouverte ; vive et impétueuse, elle se fût sans doute montrée indépendante, si elle n'eût éprouvé devant sa grand'tante une sorte de respectueuse terreur. Non que la bonne dame fût dure et sans affection, loin de là : elle aimait l'enfant qu'elle avait attirée auprès d'elle ; mais le malheur en assombrissant son existence, avait ajouté à l'originalité de son caractère une gravité sévère qui en imposait. La petite fille ne demandait qu'à rire, à folâtrer, à s'ébattre comme il est naturel à son âge, et ses saillies étaient contenues par cette attitude digne, presque solennelle, ce ton et ces allures d'ancien régime. Si elle apprenait bien des choses et se formait aux bonnes manières, elle se cabrait intérieurement, son cœur restait fermé, la piété ne se développait pas dans son âme à proportion du travail accompli dans son intelligence. Un exemple donnera l'idée de cette éducation enfantine. A six ans, la petite Louise, assise sur un tabouret aux pieds de sa tante, dans une immobilité parfaite, lisait gravement... les Aventures de Télémaque! Rappelant ce souvenir, la Mère Vignon attribuera à la connaissance précoce qu'elle fit de cet ouvrage, l'aversion qu'il lui inspira toujours.

La marraine sentit-elle ce qui manquait à sa filleule pour son développement physique et moral ? On peut le croire, car, lorsque Mme Vignon poussée par son intuition maternelle, vint chercher l'enfant pour la ramener en famille, la tante l'avait déjà placée dans un pensionnat de Bourgoin, tenu par Mlle Molroguier. La directrice insista vivement pour garder sa petite élève et

Louise paraissait si contente au milieu de ses compagnes que, une fois encore, il fallut céder. C'est ainsi que Bourgoin devint comme la «petite patrie » de son cœur et qu'au moment de le quitter pour toujours elle écrira : « Bourgoin ! c'était tout pour moi ! »

Aussitôt que Louise fut avec d'autres enfants, elle se dédommagea de la contrainte où elle avait vécu jusque là. Elle fut le boute-en-train des récréations et, comme elle avait le travail facile, sans se donner beaucoup de peine, elle devint une des meilleures élèves de Mlle Molroguier. Elle grandit là dans une atmosphère de liberté relative, sans autre règle que les fantaisies de l'imagination très mobile de la Directrice, femme d'esprit qui connaissait Rousseau aussi bien que l'Evangile et confondait un peu le culte des Muses avec celui des anges et des saints. Si elle se sentait ainsi inspirée à son réveil, elle donnait elle-même le signal du lever bien avant l'heure ordinaire, reprochant à ses élèves de « se laisser aller à un lâche sommeil quand l'Aurore aux doigts de rose avait déjà ouvert les portes de l'Orient. » On imagine aisément la gaîté d'un tel impromptu! Hélas ! il n'était pas question de « donner son cœur à Dieu. » On se hâtait, sur les traces de la digne institutrice, d'aller contempler la belle nature. Qui songeait à faire sa prière du matin ce jour-là ?...

Les heures de classe ou de récréation étaient soumises aux mêmes variations. Parfois la directrice avait de soudaines idées de réforme et les plus beaux plans s'élaboraient et s'imposaient, mais pour changer encore. Le plus souvent, le champ restait libre à l'inspiration du moment.

Grâce sans doute aux leçons de la bonne tante, Louise lisait dans la perfection ; elle avait, de plus, un sentiment inné du rythme poétique et de l'harmonie du style. Ses compositions d'enfant révélaient une imagination vive qui allait devenir chez elle « la folle du logis. » Mais son jugement était d'une justesse rare et tout ce qu'elle exprimait, de vive voix ou par écrit, était marqué au coin de la rectitude et du bon sens, à moins qu'elle ne fût emportée par un caprice de son humeur bizarre et caustique !

La religion était respectée chez Mlle Molroguier mais, comme on le devine, elle n'avait pas le premier rang. Les élèves assidues aux offices et aux catéchismes de la paroisse, y faisaient bonne figure. Elles s'approchaient des sacrements à certaines fêtes. Les jours de confession étaient parfois l'occasion de récréations extraordinaires où Louise se divertissait particulièrement. M. le curé assez âgé, oubliait l'heure du rendez-vous. Quand la bande des pénitentes ne le trouvait pas à l'église, elle allait le demander au presbytère où la servante, plus accueillante que ne le sont souvent les bonnes de curé, faisait entrer les petites filles et, en attendant le retour de son maître, offrait quelques grains de raisin, voire même un verre de vin blanc ! On s'amusait si bien sous le toit hospitalier du pasteur que, lorsque celui-ci rentrait, voyant la malice qui pétillait dans les yeux de Louise et entendant le récit de quelque escapade, il disait : « Ah ! cette petite Vignon ! elle tournera mal ! »

Tout cela était fort joyeux et très innocent mais la piété n'y gagnait guère. On s'occupait peu de ces âmes dont la vie intérieure était laissée au hasard. On ignorait sans doute ou, dans la pratique, on ne pensait pas que Dieu parle au cœur des enfants et qu'on peut les disposer à le mieux entendre. Il devait agir sur l'âme de Louise mais elle ne le comprendra que plus tard. Pendant toute sa jeunesse, cherchant dans les jouissances de l'esprit et du cœur un bonheur idéal, elle sentira ce qui lui manque et finira par reconnaître qu'elle a besoin de Dieu.

Son intelligence ouverte, sa vive sensibilité alliée à une gaîté pétulante et à une franchise un peu brusque, faisaient d'elle, à 15 ou 16 ans, une jeune fille point du tout banale, parfois fantasque, en somme une agréable compagne.

Les études étaient poussées aussi loin que dans les meilleurs pensionnats de l'époque. Les lettres y occupaient plus de place que les sciences et, quoique très capable de goûter et d'apprécier celles-ci, Louise s'adonnait surtout à la littérature. Elle lisait beaucoup les poètes, s'enflammait pour Lamartine ou Victor Hugo, suivait les débats de la Chambre et s'enthousiasmait pour les grands orateurs.

La vie intellectuelle se développait et s'épanouissait librement, trop librement peut-être ! On rêvait aussi, on composait des vers, on cultivait de tendres amitiés. Un soir, Louise et son amie intime, ayant prolongé une causerie bien après le coucher du soleil, ne purent rentrer dans la maison et dormirent sous un banc du jardin. Personne ne s'en aperçut. Grâce à Dieu, on n'abusait pas autrement du manque de surveillance Si les choses de l'esprit séduisaient la jeune fille. si les douceurs de l'amitié la charmaient au-delà de toute expression, elle avait une répugnance naturelle pour tout ce qui sentait la mollesse ou le sans-gêne, de même que pour les petitesses de la vanité : le souci de sa dignité la retint toujours. Mlle Molroguier était très fière de son élève, elle l'aimait surtout pour son esprit et sa gaîté. Aussi conçut-elle le désir de se l'attacher comme sous-maîtresse, bien persuadée qu'elle ne pourrait rencontrer une personne plus capable de la seconder. Le projet soumis à M. et Mme Vignon fut longuement discuté pendant les vacances de 1846. Les parents de Louise eussent préféré garder leur fille auprès d'eux. Elle-même ne savait à quel parti se résoudre car, si elle appréciait la vie du pensionnat et tenait aux bonnes affections qu'elle avait à Bourgoin, elle se sentait, d'autre part, sevrée des douceurs de la famille et, il faut le dire, Lyon exerçait sur elle une sorte de fascination.

On trouve, dans les premières lignes qui aient été conservées de sa correspondance, la trace de ses hésitations.

« Je retourne à Bourgoin. Est-ce bien? Est-ce mal ? Faut-il chanter ? Faut-il pleurer ? Je ne sais sur quelle corde monter ma lyre. Je souffre ici de l'abandon total des principes et des pratiques de la religion. Vraiment, Antonia, la religion est le parfum de la vie. Otez Dieu, le christianisme, il n'y a plus que sécheresse et misère. »

Malgré la sincérité de ces réflexions, elle était loin d'être pieuse. Les idées les plus opposées se succédaient dans son esprit.

Depuis la fin de l'année 1845, le vénérable curé de Bourgoin, de plus en plus incapable de suffire aux devoirs de son ministère, était assisté d'un vicaire, M. l'abbé Guillermard, prêtre distingué par sa science, sa vertu, son zèle des âmes. Mlle Vignon, chargée de conduire les élèves au catéchisme, goûtait ses instructions; elle en était impressionnée, et parfois même si profondément qu'elle se promettait de commencer une nouvelle vie et, pour cela, de se faire connaître à celui qu'elle considérait comme l'homme de Dieu.

« Ah ! qu'on est malheureux, se disait-elle alors, de ne pas aimer Dieu par desssus tout et de tenir encore aux choses de la vie, aux créatures mortelles, fragiles, inconstantes ! » Et au même moment, apprenant la mort d'une ancienne compagne, elle écrivait : « Cette pauvre Suzette ! Il y a bien là de quoi réfléchir, mais moi, rien ne me touche plus. »

Elle se trompait ou s'étourdissait car elle était touchée, touchée au fond de l'âme, non par des événements extérieurs ou par des paroles dont l'impression est fugitive, mais par l'action de Dieu lui-même. Elle craignait de devenir indifférente, de ne plus rien sentir, d'être désagréable, à charge à tout le monde ; elle passait d'une gaîté folle à une sombre tristesse, des plus beaux élans, des plus généreuses résolutions à un découragement qui touchait au desespoir.

Cette conduite capricieuse, ces boutades de caractère, ces fluctuations incessantes n'étaient que les manifestations d'un état intérieur si bien exprimé par Saint Augustin : « Notre cœur sera toujours dans le trouble et dans l'inquiétude jusqu'à ce qu'il se repose en vous, ô mon Dieu ! » Ce cri reviendra, sous une forme ou sous une autre, bien vivante et bien personnelle, à chaque page de sa correspondance, jusqu'au jour heureux où elle aura trouvé la paix.

L'amie à laquelle s'adressent la plupart des lettres de cette époque avait quelques années de plus que Louise. Les deux jeunes filles étaient si unies qu'aucune pensée de l'une n'était étrangère à l'autre. Heureusement Mlle Ranchin était pieuse autant qu'ardente et généreuse, et assez calme pour contenir la fougue de son amie et opposer le langage de la raison aux folies d'une imagination en délire.

Louise se trouvait bien seule quand une absence momentanée les séparait : « Antonia, lui écrit-elle le 6 janvier 1847, pourquoi m'avez-vous quittée ? Je suis triste, gaie, folle, ennuyée ; je suis combattue par mille pensées diverses. Un jour je veux être toute à Dieu, un autre jour, je veux tout le contraire. Dimanche, nous avons eu un sermon sur la rapidité du temps. Ce sermon m'a touchée, frappée de terreur. Je voulais changer de vie, quitter le monde… et tout a disparu. Quelle faiblesse ! J'ai lu un roman, le plus stupide qu'on puisse voir et cela a suffi !

J'ai été plusieurs fois chez vous espérant vous trouver, mais point ! Mademoiselle prend ses ébats ! Adieu, tirez les Rois, soyez Reine, moi… je ne sais ni ce que je pense ni ce que je dis. Ma tête est un chaos et mon cœur un abîme. Dieu me punit de ne pas l'aimer par dessus tout. Vous me comprenez, Antonia, priez pour moi ».

Ce qui ne flattait que sa vanité laissait Louise assez froide ; les étrangers lui étaient indifférents ; c'est dans l'amitié qu'elle trouvait ses plus douces jouissances. En parcourant les pages de sa correspondance, on est frappé de l'ardeur et de l'exaltation de ses sentiments, de son accent de vérité et de la sincérité avec laquelle elle découvre ce qui se passe dans son âme.

« Ma chère Antonia, écrit-elle en souhaitant la fête à son amie, puisque depuis quelque temps et, je devrais dire, depuis votre naissance, vous êtes heureusement enfoncée dans la dévotion, je ne puis mieux faire que de vous offrir une Vierge Immaculée sur laquelle vous jetterez souvent vos regards en la priant pour votre amie ; ensuite un bénitier où vous puiserez chaque fois que le démon voudra s'emparer de vous, (chose qui arrive assez souvent, bien que vous en doutiez!)

« Antonia, je ne voudrais pas vous dire que je vous souhaite du bonheur, ce mot est tellement rebattu, tellement profané que je craindrais de m'en servir à votre égard. Et pourtant, que vous dire ? Ce n'est pas un compliment que je veux vous faire. Voici : Je vous désire les folies heureuses de la terre et les joies immortelles du ciel. Que peut-on souhaiter de plus ?...»

Quand elle parle avec une certaine ironie de la

dévotion de son amie, elle souffre de ne pas partager ces sentiments, elle s'imagine n'avoir plus même la foi. En présence d'une bonne action à accomplir, elle se demande s'il y a des récompenses éternelles : celles de la terre ne lui suffisent pas. Lorsqu'elle entend les sermons ou les catéchismes de M. Guillermard, elle se sent convaincue par une puissance qui agit irrésistiblement sur son âme mais elle en reste là, « le bon grain ayant séché, avouait-elle, faute d'humi*lité*.» Toute son espérance est dans la confession : il lui semble qu'un jour elle sortira du tribunal de la pénitence complétement changée.

« Enfin je suis à vous, mon Antonia, écrit-elle pendant la semaine sainte de 1848. On est au Chemin de la croix ; je suis seule ou à peu près seule, livrée à ma tristesse, à mes sombres réflexions. J'ai besoin de vous voir. Le vide, un vide affreux s'est emparé de mon âme. Il me semble, depuis que je ne vous vois plus que je suis seule au monde. Est-ce ainsi que je devrais être après avoir entendu cette parole ferme et convaincue, jetée du haut de la chaire avec toute la force de la vérité ? Est-ce dans ce doute, dans ces fluctuations continuelles que mon âme devrait nager quand on lui a montré le vrai bien, la seule douceur ?

« Ah ! je suis bien malheureuse, Antonia, je suis dans un état critique, désespérant peut-être, car je vois le mal, je sais où est sa racine et je n'ai pas la force, je n'ai pas la volonté de l'arracher. Toujours j'attends, toujours j'espère qu'une inspiration lumineuse, un mouvement subit de la grâce va toucher mon cœur et me faire rentrer en moi-même. Je suis remuée, agitée, voilà tout: pas de résolution prise ... et pourtant il faut se hâter ; le temps presse, les années s'écoulent, voilà que ma jeunesse va s'évanouir, ne laissant aucune trace pour le bien...

« Peut-être Dieu fixera-t-il enfin mon cœur toujours incertain et toujours balancé ! »

Les agitations intérieures de Louise devaient influer sur sa conduite au pensionnat car Mlle Molroguier lui adressait souvent des reproches et entravait parfois sa liberté même aux heures dont la jeune maîtresse eût pu légitimement disposer. Dans le désir de tout partager avec son amie absente, elle eût voulu noter certains passages des sermons qui faisaient tant d'impression sur son âme; mais il y avait tel ou tel travail de surérogation à faire, une séance littéraire à préparer, une loterie à organiser et, quand approchait le moment de réunir « tout Bourgoin » dans le grand salon du pensionnat, les occupations personnelles étaient sacrifiées sans pitié.

Préparer et exécuter des ouvrages de fantaisie n'était ni dans les aptitudes, ni dans les goûts de Louise. Mais elle jouait la comédie et y exerçait les enfants avec un art parfait. Elle composait des pièces de circonstance, de gracieux couplets, qui n'avaient rien de commun avec les compliments en vogue. Elle faisait dire avec finesse les fables de notre bon La Fontaine pour lequel elle avait une prédilection. L'âme de Lamartine, le souffle de Victor Hugo passaient dans sa voix quand elle récitait une harmonie ou une ode de ces grands romantiques. Mais ses préférences étaient pour Racine qu'elle interprétait avec bonheur.

Aussi était-elle appréciée à Bourgoin, non seulement par Mlle Molroguier, qui la regardait presque comme son œuvre, mais par tout son entourage que dominaient la supériorité de son esprit et son entrain joyeux ; par ses élèves, qu'elle intéressait, charmait, tenait en éveil ; enfin par les familles des enfants et les nombreux amis du pensionnat. On l'estimait, on la recherchait, on la réclamait partout.

Peu touchée de ces succès, elle sentait le besoin d'un changement complet de situation. Son amie était souvent absente et aucun entretien ne pouvait remplacer le sien. Mlle Molroguier, peut-être sans s'en rendre compte, ne comprenait plus son ancienne élève. Évidemment, un tel état d'âme lui échappait. La jeune sous-maîtresse, dégoûtée de tout ce qui l'entourait et plus encore d'elle-même, se demandait ce qui pourrait bien la retenir à Bourgoin. « Il me semble, écrit-elle à son amie avant le départ en vacances, que le mois que je passe ici est le dernier et qu'à Pâques je me ferai religieuse ! »

Les vacances s'écoulèrent sans amener de décision et Louise revint à Bourgoin. L'heure du grand sacrifice n'était pas encore arrivée. La crise suprême commençait.

« Ma chère Antonia, je suis dans un ennui, dans un embarras extrême. C'est un péché, n'est-ce pas, de désirer la mort ? Eh bien ! je la désire, je la demande malgré moi. Oui, je voudrais mourir !

« L'autre jour, en passant sur un pont, l'idée me vint que je pourrais bien être noyée : cette pensée me fit plaisir. J'aurais quitté le monde sans regret, sans inquiétude. Jamais pareille chose ne m'était arrivée. J'ai souvent désiré mourir mais jamais au moment présent. J'avais toujours quelque chose à faire auparavant, un pardon à demander, une personne à embrasser, un adieu à donner, une larme à verser sur une amie, et pourtant, ce jour-là, j'étais coupable comme à présent ; j'étais coupable mais il me semblait que Dieu me pardonnerait tout.

« C'est une folie que la vie ! Encore, si elle se présentait tout naturellement, si on n'avait pas de choix à faire, s'il ne fallait que se soumettre ! J'ai bien besoin d'un couvent. Il faut que je jette un voile éternel entre le monde et moi... mais, là comme partout, l'ennui intérieur me suivra. Et puis, il faut déchirer le cœur de mon père, de ma mère, de toute ma famille et ce sera pour moi un regret cruel.

« Si au moins j'étais pieuse ! si je mettais tout entre les mains de Dieu, je travaillerais pour le ciel et pour l'éternité... mais la foi me manque à chaque instant.

« Je vous attriste, mon Antonia, pardonnez-moi ! Le temps, je l'espère, amènera un changement dans mon âme aussi bien que dans ma vie. Encore quelques jours et je ne me plaindrai plus, je prierai. »

Je ne plaindrai plus, je prierai. Quelle douceur, quel apaisement dans ces paroles ! Est-ce la chrétienne qui s'éveille enfin ?... Hélas ! les dernières lignes de cette lettre pleine de contrastes ne sont-elles pas de la religiosité de Rousseau :

« Que le ciel est pur que la campagne est belle ! si je pouvais m'élancer seule et courir dans les bois pendant une heure, je crois que je pourrais tout souffrir ! La nature m'enivre, mais il faut que je sois seule, libre, et maîtresse de m'agenouiller et de me prosterner pour adorer son Auteur. »

Quand, trois mois après, Louise revint à Lyon, elle trouva sa mère souffrante et son père presque mourant. Elle passait de longues heures du jour et de la nuit à veiller l'un ou l'autre et nous pouvons imaginer ce que furent, dans un tel état d'âme, ses sentiments et ses réflexions.

Elle racontait plus tard l'impression qu'elle avait éprouvée quand arrivaient dans la chambre du malade, par les fenêtres ouvertes, les éclats d'une fête de nuit donnée sur la place Bellecour. Le néant des choses de la terre, le contraste de la vie et de la mort, les joies bruyantes si près du dernier râle frappèrent vivement son imagination déjà exaltée.

Il était naturel que l'idée du cloître se présentât encore à sa pensée. Il lui fallait se jeter dans un extrême : le monde lui paraissait si vain, elle demandait la solitude ou la mort.

Avant de chercher Dieu pour lui-même et par amour, elle avait encore à lutter et à souffrir.

Hélas ! son pauvre père ne reçut pas la grâce des derniers sacrements. Sans être impie, il avait dit un jour : « Qu'on ne m'en parle pas ! » C'était une parole absolue que malheureusement sa femme et ses enfants respectèrent. Il quitta ce monde en honnête homme, emportant l'estime et l'affection de ceux qui l'avaient connu, mais laissant à sa fille une profonde douleur car elle aimait et vénérait son père.

C'était au commencement de septembre 1848.

Après être restée quelque temps auprès de sa mère, Louise revint à Bourgoin. Elle allait avoir vingt ans. Les mêmes incertitudes agitaient son âme quand elle pensait à l'avenir.

Dans le courant de l'été 1849, une visite de son cousin, M. de Gérin-Roze, la jeta dans un trouble extraordinaire : il lui faisait de si étranges propositions, deux voies si diverses, si diamétralement opposées se présentaient à elle !

M. de Gérin-Roze, frappé de son goût et de son réel talent pour la poésie, avait conçu la pensée de l'attirer à Paris.

Une lettre du mois d'octobre 1849, au retour des vacances, nous révèle en même temps l'état d'esprit de Mlle Vignon à cette époque et les projets de celui qui s'offrait à être le guide et le conseiller de la famille.

« Mon Antonia, il faut que j'écrive ! Ma tête est brûlante. Je souffre, oh ! je souffre bien plus qu'on ne le croit. Pour le savoir, il faudrait comprendre toutes les idées bizarres, extravagantes qui ont traversé mon imagination et l'ont exaltée au plus haut point pendant ces vacances. Jamais Lyon avec son Rhône majestueux et romantique n'avait produit sur moi cet effet magique et enivrant. Je ne sais pourquoi, ma vie s'est agrandie, il me manque quelque chose... J'ai honte de me plaindre : il en est tant de plus malheureux que moi ! Je ne me plains pas de mon sort mais de mon imagination vagabonde.

« Vous me direz que c'est de la faiblesse, qu'on

doit se rendre maître de soi. Eh ! mon Antonia, j'essaie, et je succombe. Comment vouloir s'imposer des idées que l'on croit en tout opposées au bonheur de sa vie ? Surtout quand rien n'est arrêté ou déterminé dans la route qu'on doit suivre ? C'est pour cela que je voulais me faire religieuse : le besoin de soumettre mes idées à une règle austère, d'astreindre mon imagination, de l'arrêter par une barrière infranchissable et puis aussi l'espoir de n'avoir plus qu'une exaltation religieuse et divine. On s'y est opposé, Antonia, on a peut-être bien fait, mais comme je ne connais point de milieu, comme il me faut aller ou à droite ou à gauche... je vous le dis, je vous l'avoue, je vais embrasser une autre carrière. Il m'en coûte, Antonia, de vous faire cet aveu. Il m'en coûte, non par manque de confiance mais dans la crainte d'altérer notre amitié. Et pourtant si je ne vous le disais pas, je me croirais coupable. Car enfin, vous êtes la personne à qui je parle le plus franchement. Il faut tout vous dire : vous y penserez et vous me direz ensuite ce qu'il vous plaira.

« Au printemps prochain, mon projet est de partir avec maman pour Paris, d'entrer au Conservatoire et de me lancer ensuite dans une carrière qui paraît s'ouvrir tout exprès par le départ de Mlle Rachel. Mon cousin Auguste en quittant Bourgoin le dit à ma mère et lui offrit sa maison, sa bourse et ses amis qui sont nombreux. »

Mlle Antonia combattit ce projet de toute la force de sa foi et de son amitié inquiète. M. l'abbé Guillermard, à qui Mlle Louise témoignait une confiance toujours plus grande, usa de son influence pour l'en détourner sans rien brusquer. Les deux « Anges Gardiens », comme elle les nommera plus tard, agissaient de concert et surtout priaient Dieu le seul maître des cœurs. Mais la pauvre égarée semblait excitée par le danger et poursuivait follement son rêve. Elle écrivit même à son cousin et en reçut, au mois de mars 1850, une réponse encourageante. M. de Gérin-Roze se mettait à sa disposition.

« Votre lettre, disait-il a été trouvée pleine d'esprit, d'un style qui dénote une femme instruite, intelligente et capable d'un prompt succès. On vous assure au Français toute la bienveillance possible et désirable... Mais le temps presse, prononcez donc. »

Dans l'état d'esprit où était Mlle Louise, elle se prononça et, pendant les vacances de Pâques, le voyage de Paris fut décidé.

En rentrant à Bourgoin, elle se sentit fortement ébranlée. Les supplications de son amie, les avertissements graves de M. Guillermard firent tomber peu à peu son exaltation. Un fond de dévotion à la Sainte Vierge se remua en elle. Echappée au danger, elle rappellera deux ans plus tard la part que sa pieuse amie eut dans ce sauvetage lorsque « la prenant par la main, la détournant de la route où elle s'engageait, elle la ramena aux pieds de cette tendre Mère en lui disant : « Croyez-vous qu'*Elle* ne puisse pas nous rendre heureuses et nous aimer. »

Mlle Vignon pria et promit de ne rien décider encore.

Cependant le 1er mai, jour fixé pour le départ, était passé et M. de Gérin-Roze, ne voyant pas venir ses cousines, écrivit d'une manière plus pressante.

Quelque jourss après, Louise est à Paris. Elle est bien résolue mais elle se sent très faible. Que va-t-il se passer? Résistera-t-elle ou se laissera-t-elle entraîner ?

Il y a des forces plus grandes que toutes les craintes et toutes les faiblesses : la prière de ceux qui s'attachent à sauver une âme et l'amour de Dieu qui la poursuit.

Le voyage fait dans de telles conditions éprouva beaucoup Mlle Vignon. Le lendemain de son arrivée elle tomba malade. Huit jours plus tard, un peu remise, elle écrivait à son amie. On sent passer dans sa lettre les impressions les plus diverses, on y découvre surtout une conduite très providentielle.

Paris, 15 Mai 1850.

« Enfin, mon Antonia, je suis à vous et bien à vous. J'ai peine à le croire tant je l'ai désiré. Il me semble que je ne pourrai plus ni vous revoir ni vous parler. Il me semble surtout et je n'ose le dire, que vous ne devez plus m'aimer. Oh ! déchirante pensée que je repousse de toute la force de mon âme ! Une espérance, un désir de mort s'est emparé de moi. Je vous le dis bien bas, Antonia, oui, je voudrais mourir. Tout me déplaît, tout me désenchante. Cela tient peut-être à mon état maladif et fiévreux. La tête m'a tourné tout le temps du voyage au point que j'ai cru parfois que je devenais folle. Je ne vivais pas, j'agissais comme si une force supérieure m'eût commandé et enchaînée. J'ai la tête enflée et ne puis me donner le plaisir de voir Paris. Tout m'irrite.

« Mon cousin m'a accusée, comme je m'y attendais, de ne pas savoir ce que je voulais, de l'avoir mis en avant et de le laisser. Ma mère m'a soutenue, ou plutôt elle a tout fait toute seule, car je ne sais ni ce que je dis ni ce qu'on me répond. Mon cousin voulait cependant me garder pour me faire prendre mon diplôme, mais j'ai déclaré que ma parole était engagée et que dans quinze jours je devais être à Bourgoin. Enfin, rien n'est fait encore et je ne puis rien faire dans l'état où je suis. Je ne sais que vous aimer et vous remercier en vous regardant, vous et M. Guillermard, comme mes deux anges gardiens.

« Plus je vois le monde, plus j'en suis dégoûtée. Je ne demande que le calme et la paix, une vie tranquille et uniforme, l'amour de Dieu et le dégoût de la terre. Ah ! je comprends que, lorsqu'on est à Paris, l'on souhaite et l'on désire la campagne. Restons dans notre petit Bourgoin, mon Antonia, ou n'en sortons que pour le mieux apprécier.

« Je dois sans doute remercier Dieu qui m'a envoyé une maladie à mon arrivée ici. Je suis si laide que je me fais peur ! J'espère cependant aller mieux et pouvoir visiter les beaux monuments. Je serais désolée de m'en aller sans avoir vu et admiré ce qu'il y a de remarquable.

« Nous avons déjà parcouru le Luxembourg, jardin magnifique où l'on se perd sous des dômes de verdure, mais rien ne vaut la simple nature. On l'admire ici ; à Bourgoin, on l'aime. On respire, on court, on est libre enfin et je veux être libre, au moins pour mon âme. »

A son retour, Louise se trouve très perplexe. Renouvellera-t-elle son engagement avec Mlle Molroguier ? Une lettre de sa mère la tire de son incertitude. Elle reviendra un an à Bourgoin ; ensuite ce sera Paris, où l'avenir se dessinera d'une manière ou d'une autre.

Une année entière à rester encore confinée dans une classe l'effrayait. Elle avait espéré et même compté partir au printemps et elle, qui avait si grand besoin de secouer ses ailes, regardait sa situation comme insoutenable. Il lui semblait ne pouvoir atteindre la fin de cette épreuve. Et cependant, si elle regardait au-delà, elle se voyait à l'avance comme entourée de précipices.

A son insu pourtant, un grand travail se faisait en elle. Une lettre écrite quelque temps après la rentrée la montre plus calme, occupée des mille défauts qu'elle se reconnaît et tendant à corriger sa nature rebelle pour la soumettre à la loi du sacrifice.

Elle l'a dit plusieurs fois : elle ne connaissait pas de milieu. Elle était de ces âmes qui « font toujours mal jusqu'à ce qu'elles fassent toujours bien » et à qui, pour cette raison, la voie des conseils s'impose.

« Je n'ai pas une seule qualité, écrit-elle ; je ne sais rien, je ne suis bonne à rien ; je n'ai ni cœur, ni esprit ; je n'ai pas de dévouement, je n'ai que de l'exaltation et pourtant j'aime et j'admire par dessus tout le sacrifice. Rien ne me touche plus qu'une personne qui, s'oubliant elle-même, vit et se dévoue pour son prochain. Si je le pouvais je baiserais les pas de ces anges si rares sur la terre. M. Guillermard me fait cet effet-là : quand je le considère, je me trouve si petite, si nulle, qu'il me semble impossible que nous puissions jamais être placés en un même lieu.

« Voilà pourquoi je veux entrer dans un couvent. Il m'en coûtera beaucoup, je le sais, mais c'est justement ce que je veux. J'ai le caractère le plus faible qu'on puisse imaginer. En restant dans le monde, je serai le jouet de mille vicissitudes, j'oublierai, mon Dieu, j'oublierai ma foi, je me rechercherai toujours. Ce moi, que je trouve si laid maintenant, l'emportera sans cesse dans mon cœur et je n'en veux pas, Antonia : je ne veux pas d'une vie égoïste. C'est pourquoi j'entrerai chez les Filles de Saint Vincent de Paul Priez Dieu pour cela.

« Je quitterai tout : monde, famille, parents, amis ; je quitterai tout mais j'irai à Dieu qui m'aimera toujours et, au lieu d'un théâtre illuminé, au lieu d'une foule de spectateurs applaudissant et jetant des fleurs, au lieu de cette vie brillante et factice que j'avais pourtant rêvée à seize ans, je n'aurai plus que les sombres murailles d'un cloître, la solitude et le silence. Voilà ce que je rêve maintenant. Peut-être est-ce encore un rêve creux, une aberration de mon esprit ?... Qui peut me répondre de l'avenir ? »

Ne sent-on pas, en lisant ces pages, que la lumière de Dieu, jusque là intermittente, commence à la pénétrer tout entière et que ses aspirations s'élèvent en se surnaturalisant ? Le guide sage, choisi par la Providence pour la conduire dans une voie nouvelle, a retenu ses premiers élans comme prématurés. Que répondra-t-il quand elle reviendra à lui, mâtée pour ainsi dire, humble et soumise, aspirant au sacrifice et à l'unique amour de Dieu ?

L'année scolaire, si appréhendée d'abord, touchait à son terme : elle devait laisser une trace durable. Le travail qui s'y opéra est resté le secret de Dieu. Les idées de vie religieuse que Louise avait traitées de bizarres quand elles alternaient avec ses autres rêves, s'étaient dégagées du chaos où elles avaient germé. La vocation s'était affermie et ne laissait plus de doute. Mme Vignon en fut informée par une lettre de sa fille. Cette communication parut si étrange à la pauvre mère qu'elle ne put y croire et n'y fit aucune allusion. Au contraire, dès l'arrivée de Louise, elle commença à s'occuper de ses toilettes et à l'entretenir de projets tout mondains, quoiqu'elle fût elle-même très souffrante et surtout affectée par des pertes successives d'argent. Faudrait-il revenir sur ce sujet délicat, renouveler les ouvertures déjà péniblement faites ? La seule ressource de Louise était la prière : le secours divin ne lui manqua pas. Au moment où elle ne s'y attendait plus, sa mère lui demanda le plus naturellement du monde si elle avait toujours les mêmes intentions. Son cœur battait bien fort ; elle ne put répondre qu'un mot : « Oui, maman. » Mme Vignon se tut : elle pleurait. Louise sentait vivement la peine de sa mère mais elle se contint et crut devoir dire qu'elle se proposait d'aller voir la Supérieure

des Sœurs de Saint Vincent de Paul : « Sais-tu,
lui dit sa mère, que ces sœurs sont toujours éloignées de leur famille. C'est une condition. »
Mme Vignon regardait sa fille qui répondit encore
« Oui, je le sais. »

En racontant à son amie cette scène si simple
et si poignante pour son cœur, elle ajoutait :
« Pourquoi le cacher ? Je sens le besoin de tout
briser. Aussitôt que je le pourrai, je demanderai
à être envoyée dans les pays étrangers, ou au
moins, le plus loin de Bourgoin qu'il sera possible.
Bourgoin, vous le savez, c'était tout pour moi...
mais je veux mourir parce que je crains la mort.»

Quelques jours après, elle faisait au couvent
ses premières visites.

« Enfin, je suis allée à Saint Vincent de Paul
toute seule. J'ai assez l'air de m'offrir en service
et je n'ai pas de lettres de recommandation. Le
premier jour, je n'ai pas vu la Supérieure : c'est
une jeune sœur charmante qui m'a reçue et qui,
en me considérant, m'a dit : « Mademoiselle, nous
n'avons pas de domestiques, nous faisons tout
ici. » J'ai compris sa pensée. Nous avons causé
une heure. Elle voulait me faire entrer partout
excepté chez elle. — Enfin, lui ai-je dit, vous ne
voulez pas me recevoir ? — Oh ! je ne dis pas
cela, répondit-elle en riant, mais venez demain
parler à la Supérieure. »

« Je suis rentrée à la maison tout indécise.

J'avais toujours présente à la pensée une certaine parole : « Nous cousons les morts.» J'avais peine à accepter cela mais je m'y habitue.

« Aujourd'hui j'ai vu la Supérieure. Elle ne m'a pas paru aussi intraitable et m'a recommandé de retourner la voir pour lui dire le parti que je prenais. — Il est tout pris, lui ai-je répondu. —Oh! bien, alors ce sera moi qui réfléchirai, a-t-elle dit. Revenez et je vous donnerai une réponse. »

Dans l'intervalle, Mlle Louise accompagnait à la Croix-Rousse une de ses amies, Mlle Félicie Charbelet, qui allait y voir sa tante, la mère Brunet. La première impression qu'elle reçut de Nazareth fut très bonne, mais il fallut plusieurs entrevues pour la faire pencher vers cette Société, encore petite et à peine connue. Elle s'était adressée aux sœurs de Charité parce qu'elle croyait trouver en elles le type unique du dévouement, de l'abnégation, du sacrifice qu'elle cherchait. La Providence la conduisait ailleurs dans un dessein de miséricorde et d'amour.

N'a-t-elle pas souhaité de se cacher derrière les murailles sombres d'un couvent, réclamé la solitude et le silence ? Si les murailles de Nazareth n'ont rien de sombre, elles offrent à l'âme désireuse de vie intérieure le calme et le recueillement, dans la constante imitation du silence, de la prière, du travail de Jésus, Marie, Joseph.

Les adieux de Mlle Louise à Bourgoin se firent

dans le courant de septembre. Mlle Molroguier ne pouvait en rien s'attribuer un pareil résultat, mais n'en répétait pas moins dans son ébahissement : « Est-il possible que j'aie fait une nonne ? » Il y eut une pieuse et tendre émotion chez les amies de la future religieuse. On s'étonnait, on admirait, sans bien comprendre.

Mlle Antonia, qui avait eu une si grande part dans l'œuvre accomplie, ne pouvait se consoler. L'âme qu'elle avait aidé à sauver la dépassait dans son élan généreux, mais restait à son égard humble, confiante, aimante comme par le passé. Elle lui écrivait :

« Le croiriez-vous, je souffre moins que je ne l'avais pensé. « J'ai eu cependant de violents combats intérieurs à soutenir et seule, sans conseil, sans appui. Ah ! je me trompe, Dieu était avec moi. Vos prières, vos larmes, tout me l'envoyait. Il ne m'a pas quittée et aujourd'hui je suis plus forte. C'est qu'il faut du courage, ma chère Antonia, il en faut plus qu'on ne pense. Quand les assauts ne viennent pas du dehors, on les trouve au dedans de soi et ce ne sont pas les moins terribles. Cent fois j'ai été sur le point d'aller trouver un prêtre et toujours l'occasion m'a manqué. Alors j'ai ouvert l'*Imitation*. C'est étrange ou plutôt c'est admirable, chaque parole était un baume particulier pour mon âme. Toujours : « Quittez tout et vous me trouverez. »

« Consolez-vous donc, ma bonne Antonia, consolez-vous pour ma propre consolation... Tandis
que je brise tous les liens de la terre, mon cœur
est tranquille, je souffre moins que l'année dernière.

« Votre pensée me poursuit cependant. Je
demande à Dieu s'il m'a créée pour être votre
tourment. Et voilà qu'Il me répond que nous
pouvons nous aimer en Lui sans amertume, sans
tristesse.

« Ma pauvre Amie, écoutez-moi. Chassons de
notre amitié, de cette amitié qui a fait le plus doux
charme de la vie, chassons tout ce qu'elle nous
offre de déchirant ; ne gardons que ce qui peut
nous rendre heureuses. Pour vous, ce sera le sou-
nir de tout le bien que vous m'avez fait. Moi,
je vous garde tout ce que je puis encore donner :
la reconnaissance et la prière. »

. . . .

Et maintenant le voile que Mlle Vignon sou-
haitait mettre entre elle et le monde est tombé sur
la première phase de sa vie. Elle va entrer dans
une vie nouvelle que rien d'humain ne lui a découverte, dont aucune parole, aucun livre ne lui a
révélé le secret : c'est Dieu qui a fait sentir à son
âme le besoin d'une vie de sacrifice et d'un amour
qui puisse durer toujours.

La transformation sera complète mais le souvenir du passé entretiendra en elle jusqu'au der-

nier soupir une humilité profonde, le sentiment de la miséricorde de Dieu à son égard et de sa justice qui, dans les épreuves, montre encore, et par dessus tout, un incompréhensible amour.

Dix huit ans après son entrée au couvent, elle écrira ces lignes qui rappellent l'heure décisive de ce que nous pouvons appeler sa conversion. Elle s'adresse au prêtre qui fut, à l'heure critique, le guide prudent et sage dont elle avait besoin et le nomme son « véritable Père ». Ce mot, dit-elle, me rappelle un moment des plus importants de ma vie. Je me vois dans le modeste salon de votre presbytère, cachant encore un secret que vous connaissiez. Je vous entends m'offrir ou m'assurer de nouveau votre paternel dévouement. Vous savez le reste ou vous pouvez peut-être l'oublier. Pour moi, ce serait impossible : c'est le premier pas vers la vie religieuse, c'est une grâce si forte que je puis l'appeler un miracle. Que votre prière continue l'ouvrage commencé ; mon cœur continuera à jamais son hymne de reconnaissance. »

CHAPITRE II

VIE RELIGIEUSE

Le 6 octobre 1851, Mlle Louise Vignon arrivait à la maison de Nazareth pour commencer son postulat. Sa détermination avait été mûrement réfléchie ; toute exaltation était tombée pendant les mois de préparation ; sa volonté était résolue, son cœur calme, dans la paix que donne le sacrifice accompli.

Et ce sacrifice était grand, non seulement parce qu'il lui avait fallu s'arracher à sa famille, à ses amies, aux lieux qui avaient eu tant d'attraits pour elle, mais surtout à cause de l'étrangeté de la vie qui lui apparaissait. Tout lui était inconnu. Cependant elle était heureuse.

La lenteur des débuts contraria sa nature ardente. Au 1er novembre, elle ne se trouvait pas plus avancée qu'à son arrivée : on attendait la Mère générale pour décider de son admission.

Pendant ce délai, elle lut un peu, pria beaucoup et, comme elle le racontait elle-même, « travailla ou ne fit rien, ce qui la portait à s'impatienter, selon son heureux caractère » ; mais elle se répétait chaque matin : « Dieu me veut ainsi, il faut me soumettre. »

Enfin la révérende Mère vint examiner la prétendante et, après avoir causé avec elle, lui dit que son temps de postulat daterait du jour même de son entrée au couvent. Ces longues semaines d'attente avaient donc paru bien employées.

La maîtresse générale des novices, la Mère Mouroux résidait à Montmirail. La Mère de Bellefonds fut chargée des novices de Lyon : Mme de Carcouët, une Bretonne, et Mlle Amélie Longue, une Savoisienne, ancienne élève du pensionnat de la Croix-Rousse.

Mlle Vignon, heureuse de leur être adjointe, dut se sentir bien dépaysée dans ce milieu restreint et si différent de celui où elle avait vécu. Il est permis de croire qu'elle parut un peu étrange, surtout à la plus jeune de ses compagnes, nourrie toute sa vie dans les pensées, les pratiques et le goût d'une piété tendre et fervente.

Mais son esprit pénétrant, un sentiment délicat des nuances arrêtaient les saillies de sa nature primesautière et retenaient toute expression d'étonnement, toute manifestation qui eût été en désaccord avec les idées et les coutumes en honneur. Elle avait voulu mettre entre elle et le monde une séparation absolue ; elle ne fléchit pas.

A sa Mère des novices, elle exposa ses peines et ses difficultés, avec cet abandon entier mais exclusif qui avait toujours marqué ses rapports intimes. La Mère de Bellefonds, la droiture, la bonté, la simplicité même, reçut ces ouvertures et conduisit dans la voie de l'obéissance et de l'humilité, cette âme qui ne savait rien faire à demi. La Maîtresse suivit l'action de Dieu dans ces débuts parfois pénibles et orageux ; plus tard, elle comprendra et admirera les conduites mystérieuses de la divine Providence dans l'accomplissement de ses desseins.

A part ce sentiment qu'elle exprima bien des fois avec une débordante reconnaissance, la discrète Mère des novices ne parla jamais des luttes intérieures, ni même des obstacles extérieurs dont elle avait été la confidente ou le témoin.

Mlle Vignon recevait souvent la visite de sa mère, visite qui ne lui apportait pas beaucoup de consolation ; mais, touchée de voir cette pauvre mère venir à elle triste et souffrante, elle s'essayait à lui faire du bien. Leurs âmes ne se ressemblaient guère ; la jeune postulante espérait pourtant le retour à des pratiques religieuse trop longtemps négligées.

Quant à Mlle Molroguier, après avoir écrit tous les jours à son ancienne élève, voyant qu'elle ne gagnait rien, elle était rentrée dans le silence.

Seules les lettres à l'amie de cœur nous permettent de suivre le travail de la grâce :

« Croyez-vous que je suis morte à toute affection en mettant le pied sur le seuil du couvent ? On ne va pas si vite et si mal en besogne. Une amitié qui a été la source du repentir et du premier retour vers Dieu vit longtemps et toujours dans le cœur ; c'est-à-dire que plus j'aimerai la vertu, plus j'aimerai et je remercierai mon Antonia qui m'a tant aidée à la connaître et dont les prières, les conseils m'ont arrachée au précipice et ramenée dans le droit chemin. »

Malgré ces affectueuses assurances, Mlle Antonia ne se consolait pas de la séparation. Son amie n'en continuait pas moins à lui communiquer, autant qu'elle le pouvait, ses pensées secrètes, surtout certains changements d'appréciations qu'elle voulait lui faire partager. Car en revenant sur le passé, elle démolissait l'une après l'autre ces idées d'autrefois qu'elles avaient entretenues ensemble dans leurs heures d'intimité. « Je voudrais bien savoir, demande Mlle Louise à son amie, si vous êtes toujours dans la même conviction qu'on peut jouir en ce monde et en l'autre ? J'y pense souvent et je me persuade le contraire. »

Mais de peur de laisser croire qu'elle est déjà

avancée dans la vertu, elle avoue ingénûment :
« Tout me paraît obstacle, je ne vais à rien naturellement ! Il faut bien que Dieu me porte Lui-
même où Il veut ! Ces Dames sont d'une perfection qui me désespère : toujours la même douceur,
la même égalité d'humeur, la même patience avec
leurs élèves. »

Mlle Antonia s'est enfin décidée à venir. « J'ai
échappé, écrit la postulante, à l'abattement qui
devait naturellement s'emparer de moi après
votre départ. J'ai voulu trouver du plaisir à dire
à Dieu : « C'est pour vous que je la quitte. »

« J'ai beau tirer le voile sur le passé. A toute
heure du jour je me surprends à regarder à travers une petite fente et mille souvenirs passent
devant mes yeux et dans mon cœur. Ce sont
surtout nos promenades, nos promenades intimes
comme on n'en a jamais fait de plus délicieuses.
Oh ! je m'en veux ! je m'en veux de vous rappeler
ces choses, moi qui ne devrais chercher qu'à vous
les faire oublier.

« A Dieu, mon Antonia, *à Dieu* ! puissent ces
deux mots vous exprimer tout le sentiment que
j'y attache ! »

Le 1er janvier, fête de la Circoncision et du
Saint Nom de Jésus, Mlle Vignon entrait enfin au
Noviciat. La lettre qui suit cet heureux évènement est plus gaie que les précédentes. La novice
est acclimatée non seulement parce qu'elle veut

OULLINS — Les Chassagnes

l'être mais parce que la grâce augmente avec la fidélité.

C'est ainsi qu'elle répond à une boutade de son amie, le 7 février :

« Vous ne voulez croire à rien ; vous voulez absolument que je sois malheureuse ! Un mot souligné dans ma lettre demande des explications de vive voix. Oui, nous avons vu le Couvent sous un même jour mais pas dans la même position. Vous en avez compris la vertu sans en voir le bonheur, probablement parce que Dieu ne vous y appelle pas, et moi, fermement convaincue que Dieu m'y appelle, j'y vois le bonheur et la vertu inséparablement unis. Je suis assurée qu'en cherchant l'une je trouverai l'autre.

« Vous l'avez très bien dit, mon Antonia, il faut savoir faire des sacrifices pour ceux qu'on aime. Cette pensée se présente souvent à l'esprit et au cœur d'une novice. Il me semblait bien, quand nous causions tranquillement dans la jolie promenade de Bourgoin, que cette jouissance ne devait pas durer : nous voulions un bonheur mensonger. Je ne sais pas l'impression que vous en gardez : pour moi, je l'avoue, tout en vous aimant, en vous recherchant, en goûtant le charme de votre amitié, j'étais mal à l'aise ; je ne me sentais pas dans le vrai, dans le positif de la vie. »

Pour répondre aux reproches de son amie qui trouve que sa correspondance tourne au sermon, la novice est obligée d'avouer que ses pensées et ses affections ont pris une direction toute nouvelle :

« Sans affectation, ni même recherche des sujets, dit-elle, nos idées changent et se transforment. A force de méditer et de ne plus juger les choses selon l'opinion adoptée dans le monde ni d'après les impressions sensibles, une religieuse finit par avoir d'autres pensées et d'autres sentiments. Celle qui vous parle espère bien qu'elle ne vous sera jamais étrangère. Dieu, qui a demandé à l'une et à l'autre le sacrifice du temps, leur laisse, pour l'éternité, une douce et vraie union des cœurs.

« A Dieu ! je vous écris plus longuement que je ne voudrais. Ceci me rappelle une pensée qui m'a frappée : « Celui qui trouve qu'il aime trop ne le cède en amour qu'à celui qui trouve qu'il n'aime pas assez. » Avec Dieu nous trouverons toujours notre cœur trop vide et trop froid. »

En comparant les sentiments, le style et même l'écriture de ces lettres avec ce que la même plume traçait un an auparavant, on est saisi d'un respectueux étonnement et on ne peut que s'écrier : « O profondeur de la sagesse et de la science de Dieu ! que ses secrets sont mystérieux et ses voies incompréhensibles ! »

Le premier attrait surnaturel qu'ait senti Louise encore mondaine a été l'attrait du sacrifice. Depuis que l'amour divin l'a touchée, elle sent le besoin de la pénitence. Elle qui écrivait autrefois à son amie : « Je vous souhaite les folies heureuses de la terre et les joies immortelles du Ciel, lui écrit maintenant : « Faites pénitence, Antonia. Je vois que vous croyez à la communion des saints. Moi aussi, j'y crois fermement et avec plaisir, mais n'oublions pas que dans cette bourse commune, on retire suivant sa mise. L'horreur de la pénitence vous passera quand viendra l'heure de la souffrance morale. »

Elle en faisait l'expérience. On la vit, pendant trois jours d'un jeûne rigoureux, unissant la pauvreté et le travail à la pénitence, badigeonner joyeusement les murs du noviciat et prendre, avec sa part de peine, celle de sa compagne plus délicate.

Malgré tant d'assurances de joie et de paix, la vive amitié de Mlle Antonia s'alarme et s'inquiète : elle craint que son amie ne souffre, soit de la part de sa famille, soit du genre de vie qu'elle a embrassé. Aussi multiplie-t-elle ses instances pour connaître la vérité. Heureuse sollicitude qui nous vaut un témoignage dont on admire à la fois la spontanéité, la sincérité et l'humilité.

« Non, non, Louise n'est pas tourmentée, Louise n'est pas malheureuse du parti qu'elle a pris et si votre amie, Antonia, n'avait pas toujours devant les yeux sa faiblesse, son inconstance, ses caprices et ses folies passées qui la font trembler pour l'avenir, elle vous dirait aujourd'hui dans toute l'ardeur de son âme et toute la joie de son cœur : Je suis enfin où je dois être ; je suis où je serai toujours. Je vous le répète, je n'ose prononcer ce mot. Qui peut répondre de soi ? et moi moins encore que les autres, entraînée que je suis par ma nature dans les extrémités les plus contraires. Je ne m'inquiète pas cependant ; je me contente de dire à Dieu : « Que votre volonté soit faite ! »

Ces lignes laissent deviner des secousses intérieures, des combats douloureux, d'où la volonté sortait triomphante mais où l'âme devenait de plus en plus humble et défiante d'elle-même. Aussi était-elle en droit d'écrire à son amie, en la consolant de certaines déceptions que celle-ci lui avait confiées : « Souvent ce que nous désirons le plus ne nous apporte que peine et tristesse, tandis que ce que nous redoutons et repoussons de toutes nos forces est presque toujours pour nous une source de consolation et de joie. Dieu a voulu qu'il en fût ainsi. Pourquoi ? Il y a une raison et c'est en la cherchant que j'ai pensé à la vie religieuse. Ce qui ne m'empêche pas de redouter et de repousser souvent ce qui répugne à la nature.

« Je suis très sage aujourd'hui en imagination, comme j'étais autrefois malheureuse en imagination, et d'autant plus coupable que j'entends, que je vois et que je ne fais rien. »

Elle ne croit pas se calomnier en s'accusant ainsi : N'a-t-elle pas dit plus haut que le cœur qui aime n'est jamais satisfait de ce qu'il donne ?

Mlle Molroguier est venue voir son ancienne élève. « Singulière entrevue dit celle-ci. Quelques velléités de sentiments, quelques retours vers le passé, il faut bien l'avouer, ont essayé de se faire jour, mais la volonté, la grâce qui veille a répondu : On n'entre pas ! Folies, chimères ! Tout passe !

Laissons passer ce qui passe, c'est là mon grand mot. »

Revenant à son amie, elle jette un autre regard vers ce temps où elle allait lui conter ses peines, où... où... « fermons la page, ajoute-t-elle bien vite, mais fermons-la joyeusement. C'est le cas de dire : Tout passe ! Le plaisir qu'on a jeté sous terre se cache quelque temps, mais pour germer, mais pour grandir et porter des fruits de bonheur éternel. C'est la grâce que je *nous* souhaite. Amen. »

Quand une âme comme celle qui se découvre ici a résolu de se livrer à Dieu, elle entre dans la voie avec une volonté si généreuse qu'elle donne en bloc tout ce qu'elle est et tout ce qu'elle a ; elle peut dire en vérité : « Mes liens sont brisés ; il ne me reste qu'à vous offrir une hostie de louange. » Dieu accepte l'holocauste et l'âme goûte une paix qui surpasse tout sentiment. Mais, à mesure qu'elle avance, il lui semble que le sacrifice, pour être pleinement accompli, doit revêtir une forme nouvelle. A la lumière divine puisée dans la méditation, dans la prière, dans les exhortations des supérieures, dans les exemples qui l'entourent, cette forme se précise et s'accentue. Elle s'applique dans les détails, à ce qu'il y a de plus intime et de plus personnel, un changement de vie, la séparation d'avec ce qu'on aime, la solitude et le silence ne suffisent pas pour contenter Celui qui veut être le seul Maître du cœur.

Dieu n'est pas violent dans son action bien qu'Il demande qu'on se fasse violence. Il ne fait sentir que par degrés à l'âme généreuse tout ce qu'Il attend d'elle, afin que toujours, elle ait quelque chose à immoler.

Sous ces diverses influences, une nouvelle lutte s'était engagée dans le cœur de la fervente novice, lutte d'autant plus pénible qu'il ne s'agissait pas de souffrir seule mais de faire participer son amie à la réalité du sacrifice religieux et à toutes ses conséquences. Mlle Antonia était revenue et l'entretien n'avait pas eu l'abandon confiant d'autrefois. Mme Vignon se sentait obligée à une certaine réserve ; son amie déjà prévenue, se trouvait moins à l'aise ; elle qui eût pu tout dire et recevoir à son tour après avoir tant donné, quitta

le parloir avec une tristesse qu'elle ne put dissimuler et qui perça le cœur trop sensible de la
pauvre novice. Ce fut une indication, une lumière
du ciel. Il y avait donc là un désordre, malgré
la pureté des sentiments et des motifs, malgré
le lien sacré de la reconnaissance qui l'unissait à
Mlle Antonia. Elle comprit que Dieu lui demandait quelque chose de plus et, après avoir bien
prié, elle se décida à écrire.

Il faut voir comment cette âme, si forte contre
elle-même, tremblait à la pensée de faire souffrir ;
en connaissant son exquise sensibilité, son impres-
sionnabilité, on comprendra mieux ce qu'elle eut
à refouler au dedans d'elle-même dans bien des
circonstances de sa vie, sans rien laisser paraître
et parfois sous les dehors d'une rigide impassibilité.

« Hélas ! ma bonne Antonia, je tremble à la
pensée de vous écrire comme j'ai tremblé à celle
de vous voir, comme j'ai tremblé à celle de vous
quitter. Vraiment j'ai lutté de toutes les puissan-
ces de mon cœur contre la pensée de me séparer
de vous... vous entendez de quelle séparation je
veux parler. Il faut céder... Impossible de vous
voir, de vous aimer comme autrefois, impossible
de vous ouvrir encore mon âme. Je ne puis plus
tout vous dire et n'entendant pas tout, vous ne
me comprendriez pas, vous me blâmeriez, vous
m'accuseriez, vous me plaindriez peut-être, et je

ne suis pas à plaindre. Une seule chose pèse sur mon cœur et j'ai peine à en soulever le poids. Hélas ! ma pauvre amie, j'accomplis envers vous ma triste mission, je vous fais souffrir tandis que vous remplissiez auprès de moi votre beau rôle d'Ange consolateur.

« Merci, mon Antonia, merci ! Puissiez-vous trouver dans ce simple mot, seul témoignage de reconnaissance que je puisse vous donner, tout le sentiment que je mets à l'écrire. Merci pour tous les jours de ma vie ; merci pour les immenses services que vous m'avez rendus ; merci pour les bons conseils que vous m'avez donnés et qui m'ont aidée à arriver heureusement où je suis ; merci pour l'intérêt que vous me témoignez encore aujourd'hui.

« Eh ! bien, maintenant voulez-vous me croire, Antonia ? Je vous ai trop aimée et je vous aime trop encore pour changer avec vous ce vif sentiment en politesse amicale. Il vaut mieux s'expliquer : vous en souffrirez et, telle que je vous connais, vous souffrirez en silence pour celle qui cause votre peine. Mais ce que je veux que vous sachiez bien, c'est que je cède à un devoir et non à l'indifférence ou à l'ingratitude.

« C'est un devoir de cœur difficile à expliquer que, lorsqu'on se donne à Dieu, on sent qu'il ne faut plus chercher de consolation parmi les créatures ;

alors, plus elles sont aimables, moins on ose les approcher.

« Tout me parle de mort, Antonia, et j'en sens la nécessité. Il faut mourir au noviciat. J'en avais eu le pressentiment mais je croyais qu'on mourait en quittant le monde et j'apprends aujourd'hui qu'il faut mourir tous les jours. Bien plus, j'en sens l'impérieuse nécessité, je le désire et, en m'y préparant, je me demande ce que je ferai de notre amitié si pure et si bonne.

« Ecoutez : le grain de froment qu'on met en terre meurt pour germer et, en germant, il produit un fruit de son espèce.

« Votre amitié ou plutôt notre amitié va se cacher un moment ; pendant ce temps, elle germera pour porter des fruits nouveaux. Elle se réveillera avec cette nouvelle créature, ce nouveau cœur dont j'ai tant besoin.

« En attendant, nous continuerons de nous écrire de temps en temps. Vous le voulez bien, n'est-ce pas ?

« Je vous dis d'étranges choses... je ne les dirais à nulle autre. Au reste, je n'en aurais pas besoin. Il me semble que vous me comprenez et que vous me remerciez de ma franchise. Oh ! priez bien pour moi ! Si vous saviez comme je le fais pour vous !

« J'aurais voulu vous dire de vive voix que je suis heureuse: ce mot demande des explications ou vous refuserez de me croire. C'est vrai cependant. »

En terminant, la novice remercie son amie de la manière dont elle a accepté sa dernière lettre : « Nous n'y reviendrons plus ensemble, lui dit-elle, mais nous penserons chacune séparément au sacrifice pour le faire profiter et l'offrir à Dieu. »

L'année suivante, le nombre des lettres diminue, le travail du noviciat se poursuit à travers les luttes dont les pages précédentes donnent une idée. Mme Vignon a abandonné les préjugés, les manières de voir qu'elle tenait de son éducation. Elle reconnaît la nécessité de faire abnégation de ses vues propres et de se livrer à l'obéissance avec la simplicité d'une enfant. Les menues observances du noviciat, qui eussent excité sa verve caustique quelques années plus tôt, la trouvent docile et promptement fidèle.

Vers la fin de sa seconde année, elle compose, avec Mme Longue, un tableau de « Ce qu'une novice doit faire » et «Ce qu'une novice ne doit pas faire, » petit code abrégé qui règle la tenue et la conduite extérieure.

Il y avait loin de là à la liberté et à l'imprévu de la vie au pensionnat Molroguier. Qu'eût dit ou pensé la bonne demoiselle si elle avait vu son ancienne élève marcher posément, les yeux baissés, les mains arrêtées ; garder le silence ou ne parler qu'à voix basse ?

Oui, la chère novice était bien entrée dans le moule ; elle en avait pris la forme extérieure mais bien plus encore l'esprit, le cœur, les sentiments religieux.

Le 30 novembre 1853, Mme Vignon et sa compagne, Mme Longue, entraient en retraite et, le 8 décembre, elles prononçaient leurs premiers vœux. M. l'Abbé Guillermard, Curé de Bourgoin présida la cérémonie. Il lui appartenait de consacrer à Dieu par l'imposition du voile celle qu'il avait dirigée dans ses premières aspirations vers une vocation si surnaturelle.

L'ancienne amie, instrument actif et intelligent dans cette œuvre de salut, était là aussi, mais rebelle encore au sacrifice. Très émue pendant la pieuse cérémonie, elle s'esquiva presque aussitôt, sans doute pour ne pas troubler le bonheur qu'elle constatait sans le comprendre.

La Mère Lafond, Supérieure de la maison, avait reçu les vœux des nouvelles religieuses mais elle avait dû repartir aussitôt pour les Chassagnes dont l'installation l'occupait presque exclusivement. Elle laissait à Mme Trebuchet, maîtresse générale du pensionnat et directrice des secondes études, le soin d'initier Mme Vignon et Mme Longue à la vie de communauté. Ce fut chose facile, les âmes étaient si bien disposées ! Le jugement droit, l'esprit net et prompt de Mme Vignon, ses aptitudes naturelles et, plus encore, les souvenirs de sa propre éducation, lui firent saisir très vite le moyen d'élever, dans le vrai sens du mot, les âmes confiées à ses soins.

« Je vis aujourd'hui au milieu des enfants, écrit-elle, je les suis tous les jours et je sens de plus en plus le prix inestimable d'une bonne première éducation. » Parlant d'une petite fille à laquelle elle s'intéresse : « Heureuse enfant, dit-elle, bercée au nom de Jésus et de Marie ! Ah ! si vous êtes un jour appelée à aider ou à remplacer votre sœur auprès de cette gentille créature, ne négligez rien pour graver en elle les premières impressions de foi qui ne s'effacent jamais. »

En entrant de plein cœur dans l'œuvre de l'apostolat, Mme Vignon continue à poursuivre le travail de sa propre perfection. Elle n'a pas été trompée dans son attente, elle se sent bien où Dieu la veut. Elle a trouvé le centuple promis et, au mois de Mai, elle écrit à son amie : « Depuis le 8 décembre que vous me rappelez et qui est bien, en effet, le jour le plus beau et le plus mémorable de ma vie, j'ai renouvelé mes vœux ; j'ai renoué ma chaîne que je trouve chaque jour plus douce et plus aimable, le 3 mai, fête de l'Invention de la Sainte Croix. J'ai pensé à vous d'une manière toute particulière ; je vous ai offerte à Dieu car vous êtes la plus belle partie de moi-même et, comme je suis généreuse, je prends plaisir à vous immoler. Vous en plaindrezvous donc toujours et n'aurez-vous jamais part à la récompense, vous qui en avez eu une si grande au sacrifice ?

« La visite de votre sœur m'a fait du bien. J'ai retrouvé Elise toujours bonne et pieuse. Ah ! qu'il est bon, Antonia, de rencontrer une âme *de foi*, soumise *par vertu* aux épreuves que Dieu lui envoie ! Qu'il fait bon la rencontrer au milieu du monde !

« Adieu, à Dieu ; si j'avais le temps, au lieu des sermons que vous me demandez, je vous enverrais des sujets de méditation. Je pense à vous toutes les fois que je rencontre une pensée heureuse qui condamne la nature et élève l'âme. Mais comme vous êtes encore sous le prisme du monde vous avez besoin d'un nom qui sonne à son oreille tout en le condamnant, aussi je vous envoie quelques lignes de Bossuet, à condition que vous direz tous les jours ce que j'ai souligné.

« C'est dans la sainte Volonté de Dieu que se
« trouve l'égalité et le repos. Dans la vie des pas-
« sions et de la volonté propre, on pense aujour-
« d'hui une chose et demain une autre, une chose
« durant la nuit et une chose durant le jour, une
« chose quand on est triste et une chose quand
« on est en bonne humeur ; une chose quand
« l'espérance rit à nos désirs, une autre chose
« quand elle se retire de nous. Le seul remède
« à ces altérations journalières et à ces inégalités

« de notre vie, c'est la soumission à la volonté
« sainte de Dieu.

« Comme Dieu est toujours le même, dans tous
« les changements qu'Il opère au dehors, l'homme
« soumis à sa volonté est toujours le même. On
« n'a pas besoin de chercher des raisons particu-
« lières pour se calmer, c'est l'amour propre
« ordinairement qui les fournit. La souveraine
« raison, c'est ce que Dieu veut. Prenons garde
« néanmoins que ce ne soit par une espèce de
« désœuvrement et pour nous donner un faux
« repos, que nous ayons recours à la volonté de
« Dieu. Elle nous fait reposer mais en agissant et
« en faisant ce qu'il faut. Elle nous fait reposer, non
« dans notre propre contentement, mais dans
« celui de Dieu, Le priant de se contenter et de
« faire de nous *ce qu'Il lui plaira.* Qu'importe
« ce que nous deviendrons sur la terre ? Il n'y a
« qu'une chose à vouloir. C'est, Seigneur, d'ha-
« biter dans votre maison tous les jours de ma vie
« pour y voir la volupté du Seigneur, y contem-
« pler son saint Temple et Le louer dans les siècles
« des siècles.

« *Me voici, Seigneur, pour accomplir votre*
« *sainte volonté.* »

« Dès qu'une parole divine commence à se
« faire entendre, dès qu'une suavité, un goût,
« un instinct céleste commence en nous et
« que nous sentons quelque chose qui veut

« être supérieur au monde et nous inspirer tout
« ensemble et le dégoût de ce qui passe et qui
« n'est pas, et le goût de ce qui ne passe pas et qui
« est toujours, laissons-nous conduire, secondons
« ce doux effet que Dieu opère en nous pour nous
« attirer à Lui. »

Accomplir la volonté de Dieu, Le laisser faire
d'elle ce qu'il lui plairait, telle était désormais la
disposition de cette âme, dégoûtée de ce qui
passe et éprise de ce qui doit durer toujours.

La Mère Trebuchet, appréciant les qualités
d'esprit et de cœur qui devaient, sous l'action de
la grâce, faire de Mme Vignon un instrument si
utile pour le bien des âmes, avait demandé à la
Révérende Mère générale de la laisser dans la
maison de Lyon dont elle-même devenait Supérieure. Le pensionnat avait été transféré de la
Croix-Rousse à Oullins et la jeune religieuse
avait chanté cet événement heureux pour la
famille de Nazareth. Ces couplets n'étaient que
le prélude de tant d'autres composés pour des
fêtes religieuses ou joyeuses, où devait s'exprimer, avec un charme exquis, son amour pour la
Société dont elle était la fille.

Nommée à la rentrée de 1855, maîtresse de
classe et directrice de la Congrégation des Saints
Anges, Mme Vignon fut subitement prise d'un mal
d'yeux et d'une affection au larynx qui la mirent
dans l'impossibilité de remplir ses fonctions.

« Ah ! mes bons enfants, disait plus tard la Mère Trebuchet à ses novices en rappelant ce souvenir, gardez-vous bien de demander jamais personne nommément : laissez les supérieures juger de ce qui convient le mieux. »

C'est la morale pratique qu'en tira l'humble Mère toujours prête à s'accuser, mais sa déception était grande. Quant à Mᵐᵉ Vignon, elle prit la chose très gaîment et s'adonna aux travaux manuels dont elle se reposait en gardant un mouton dans la prairie. Dieu voulait prolonger pour elle le temps des réflexions sérieuses et la faire pénétrer plus profondément dans le mystère de la vie cachée de Nazareth.

En s'installant à Oullins, elle était revenue par la pensée au 6 octobre 1851, où elle entrait à la maison de la Croix-Rousse comme prétendante. Elle écrivait à Mˡˡᵉ Félicie Charbelet, sa première introductrice : « Il y a juste aujourd'hui quatre ans que j'ai vu la clôture de Nazareth s'ouvrir devant une mondaine que la Providence conduisait, malgré beaucoup d'obstacles, dans un lieu choisi et privilégié. Vous avez été, peut-être un peu malgré vous, un des instruments de ce grand travail, aussi, en remerciant Dieu aujourd'hui de la part qu'il m'a faite, je Le prie tout particulièrement pour celle qui m'a préparé la voie.

« Nous sommes encore encombrées d'ouvriers

de tous genres qui nous font ardemment désirer
la fin de leurs travaux pour rentrer dans le calme
du silence religieux. Quand on l'a une fois goûté
on ne peut plus s'en séparer. Vous allez croire
que je vous tends des filets : ce n'est pas du tout
mon intention car je sais que je ne prendrais rien.
Votre barque est ancrée dans le monde : tenez
ferme car vous êtes pilote et je crois que, plus
nous allons, plus la rame est difficile. Je prie pour
que vous fassiez à vos enfants un bien réel dont
l'empreinte ne s'efface jamais.

« Adieu, je ne souhaite qu'une chose pour ceux
que j'aime comme pour moi : c'est que nous com-
prenions le prix de la prière, de la foi, de la
confiance. Je vais mieux, mais ne suis point guérie
encore. Dieu veut que j'apprenne à tenir un
ménage, il est bien temps ! »

Quelques mois suffirent à cette initiation et à
la guérison. L'année suivante la Mère Vignon est
envoyée à Montléan comme maîtresse générale,
sous le supériorat de la Mère Marie Noël.

En 1857, elle revient à Oullins où elle est assistante de la Mère Trebuchet et maîtresse de
classe. La direction matérielle d'une maison lui
avait toujours été étrangère et semblait contraire
à ses goûts naturels ; elle s'y mit avec la force de
volonté qui la caractérisait et la netteté d'esprit
qu'elle apportait à toutes choses.

Ces débuts durent être heureux puisque, en

1859, sa formation était assez complète au double point de vue religieux et pratique, pour qu'on pensât à faire d'elle une supérieure. Elle fut nommée à ce titre dans le *status* de la maison de Montléan au mois de septembre. Mais par un concours fortuit de circonstances, elle était encore à Oullins au commencement de 1860. Le 1er janvier, elle écrivait à Mlle Antonia :

« J'ai lu hier, dans Saint François de Sales, que notre première lettre de bonne année devait être adressée à Notre-Seigneur et à sa divine Mère. Je me suis empressée d'écrire cette lettre ce matin et je me suis permis de vous rappeler particulièrement au tendre et généreux souvenir de nos célestes amis. J'espère que vous en avez fait autant de votre côté. Ne craignez pas de me souhaiter en abondance tous les biens véritables. Dieu saura les choisir et les entremêler. Je le prie d'arranger toutes choses de telle manière que, nous séparant toutes deux sur la terre, mais dans le simple but d'aller droit à Lui par le chemin qu'Il nous trace Lui-même, nous nous rencontrions enfin toutes deux à la porte du ciel, nous souhaitant non plus une bonne année mais une sainte et heureuse éternité.

... « Pour moi, j'ai peine à me mettre en route : depuis trois mois j'attends le signal du départ et, selon toute probabilité, je l'attendrai long-temps encore. Vous voyez qu'on a aussi bien que vous un peu de peine à me faire entrer dans cette charge de supérieure pour laquelle vous paraissez me trouver si peu faite. Votre étonnement et votre inquiétude m'auraient amusée si je n'avais pas été sous une impression de terreur. »

Enfin, Mme Vignon fut appelée à Montmirail en février, non pour y exercer la supériorité, mais pour achever sa préparation à la profession qui eut lieu le jour de la fête de saint Joseph, 19 mars 1860. Dans le courant d'avril elle arrivait à Boulogne-sur-mer où une maison de Nazareth venait d'être fondée. Là devaient s'écouler dans un apostolat béni, les années les plus paisibles, oserons-nous dire, en un sens, les plus heureuses de sa vie religieuse ? L'éducatrice, la mère, la directrice d'âmes allait s'y former, s'y développer s'y perfectionner pour la grande mission que Dieu lui réservait.

CHAPITRE III

La maison de Boulogne fut fondée au mois d'avril de l'année 1860. Les religieuses de Nazareth succédaient aux demoiselles Févrillier dont l'éducation était très estimée au double point de vue moral et intellectuel. Le pensionnat était situé en basse ville, dans la rue « Tant perd, tant paie », aujourd'hui rue de l'Amiral Bruix.

La révérende Mère Helot, Supérieure générale, avait acquis pour ce nouvel établissement la propriété dite LES MOULINEAUX qui s'étendait sur une colline gracieuse et bien boisée, entre le Chemin vert d'alors — rue Beaurepaire — et la rue de la Colonne.

Les élèves ne pouvant y être transportées avant la fin des travaux de première installation, quelques religieuses furent envoyées dès ce moment à la rue « Tant perd » où les maîtresses séculières terminaient l'année.

C'est là que la Mère **Vignon** se présenta aux enfants. Sa physionomie exprimait à la fois la bonté, la fermeté et une agréable finesse. Son abord simple et ouvert mettait à l'aise, tout en inspirant le respect : on pressentait une influence bienfaisante sous laquelle on aimerait à vivre.

La jeune religieuse retrouvait à Boulogne son ancienne supérieure, la Mère Trebuchet qui devait y remplir les fonctions d'assistante et d'économe. Elle-même n'avait aucun titre dans la maison étant désignée pour la mission de Galilée. Mais, par un brusque revirement les rôles changèrent : la Mère Trebuchet partit pour l'Orient et la Mère Vignon fut définitivement attachée à la fondation.

Dès le début, elle et ses compagnes, les Mères Grenet et Frechon, comprirent les difficultés de la situation. La rondeur de ses rapports, son affabilité et sa gaîté gagnèrent bientôt non seulement les enfants mais encore les sous-maîtresses étonnées de se trouver si bien sous un régime semi-conventuel. La bonne Mère redressait doucement certaines idées fausses, faisait tomber les préjugés et gagnait les esprits et les cœurs par l'intérêt qu'elle témoignait à toutes.

A l'occasion de la fête de la directrice du pensionnat, le 4 mai, elle fit offrir les vœux des élèves d'une manière si gracieuse et si inattendue que la digne demoiselle et son entourage en furent profondément touchés. Jamais, de mémoire d'élève, fête n'avait été si délicatement préparée et si bien réussie dans sa simplicité.

Peu à peu la connaissance se faisait : aussi quand vinrent les vacances, les enfants étaient toutes disposées à la perspective d'une « rentrée au couvent ». Mais sur le grand nombre qui se dirent « Au revoir », le cœur plein d'espérance, vingt-huit seulement se trouvèrent au rendez-vous le 1er octobre.

Mme Vignon était chargée de l'enseignement de l'histoire de l'Église et de la littérature chez les grandes. Bien souvent elle surveillait les récréations : là elle apprenait à connaître les enfants, puis dans les réunions de congrégation, travaillait à la formation sérieuse et pratique des aînées. Les rapports établis alors durèrent, pour la plupart, jusqu'à la fin de la vie de la bonne Mère. Des correspondances de plus de quarante ans, conservées avec un soin religieux, nous permettraient de les suivre d'année en année et de nous rendre compte des fruits abondants et durables que porta cette semence des premiers jours.

La bienfaisante influence de la Mère Vignon ne s'exerçait pas seulement au pensionnat. On aimait à la voir en communauté où, avec la Mère de Bellefonds, supérieure, elle entretenait le bon esprit de famille. Quelques novices de deuxième année avaient été envoyées à la fondation ; elle compo-

sa à leur intention la « Chanson de la novice ».
Les accidents, les bévues, les surprises des débutantes y sont présentés avec tant de naturel et de gaîté que, bien souvent, ces simples couplets ont fait accepter, mieux que de graves réflexions, les petits mécomptes ou les maladresses inévitables. Pourquoi ne pas citer quelque chose de cette joyeuse improvisation ? Après avoir gémi sur toutes les vicissitudes de sa journée, la novice fait un retour sur elle-même :

> Jamais le doux ramage
> D'un petit compliment
> Ne soutient mon courage
> Qui chancelle souvent !
> Avec soin l'on ménage
> L'éloge le plus doux :
> « Mais vraiment cet ouvrage
> « N'est pas trop mal pour vous ! »
>
> Pour la pauvre novice,
> Il n'est point de pitié
> Il faut, avec justice,
> L'exercer au métier.
>
> Quand j'étais dans le monde,
> J'avais mille talents
> Et chacun, à la ronde,
> Me donnait de l'encens.

J'étais un vrai prodige,
Partout faisant le bien.
Ici, j'ai le vertige,
Et ne suis bonne à rien !

Je rendais des oracles
Au milieu des mondains ;
J'aurais fait des miracles
Comme les plus grands saints.
Ici, — quelle infortune ! —
Je ne me connais plus !
Et je vois, une à une,
S'envoler mes vertus !

. . . .

Mais parmi tant d'alarmes,
De luttes, de combats,
Toujours je tiens les armes
Et je ne me rends pas.
Au plus fort de la guerre
Qui déchire mon cœur
Je sens que, sur la terre,
J'ai trouvé le bonheur !

Et elle entonne résolument le dernier refrain
avec sa variante énergique :

Non, non, pour la novice,
Point de lâche pitié :
Il faut, dans la milice,
L'exercer au métier.

A la rentrée de Pâques, l'installation aux Moulineaux se fit comme par enchantement. En sa qualité d'assistante, la Mère Vignon paya beaucoup de sa personne pour l'organisation matérielle. Il est juste de dire que l'esprit ingénieux de la Mère de Bellefonds sut tirer parti des appartements assez exigus de la nouvelle habitation. Ce fut bien autre chose lorsque, le 20 juin, les Moulineaux durent élargir leurs murs pour recevoir les religieuses et les élèves du pensionnat de Péronne, invitées à se joindre à celles de Boulogne pour un pèlerinage au sanctuaire de Notre-Dame. Les enfants jouirent pleinement de cette belle réunion sans se douter des difficultés qu'on avait eues à surmonter pour tout mener à bonne fin. Il fallait entendre la Mère Vignon raconter plus tard, avec sa verve piquante, les incidents et accidents de cette journée mémorable à laquelle n'avait pas même manqué l'impromptu d'une pieuse demoiselle qui, prise soudainement d'un accès de folie au moment du départ de la procession, arrêta la partie la plus respectable du cortège en se donnant pour Notre-Dame de Boulogne en personne.

De ce 21 juin 1861, date vraiment la fondation de la Congrégation de la Sainte Vierge aux Moulineaux : dès lors les chères congréganistes devinrent l'objet de la sollicitude toute particulière de la Mère Vignon et comme son œuvre de choix. Quand elle les avait enrôlées sous la bannière de la Sainte Vierge, elle ne les perdait plus de vue et les suivait à travers la vie avec une sainte et maternelle affection.

Au mois d'août 1862, la Mère Vignon fut appelée à Montléau pour prendre part au Chapitre qui élut la Très Révérende Mère de Vaux Supérieure générale, en remplacement de la Révérende Mère Helot. Elle revint à Boulogne à la rentrée avec la charge de maîtresse générale. Elle en avait exercé les fonctions jusque-là en ce qui regarde la direction morale des enfants : un remaniement du Directoire du pensionnat, régularisant les diverses fonctions des maîtresses, ne changeait guère que son titre, en lui donnant cependant une responsabilité plus étendue.

« Je suis revenue à Boulogne, écrit-elle à Mlle Antonia, le 23 octobre. Je m'y trouverais trop bien pour une religieuse si je n'étais entièrement privée de tout ce qui me rattache à mes premières années. Je voudrais vous dire combien tout notre passé m'occupe pieusement et joyeusement. Quand pourrons-nous le rappeler ensemble ? Jamais, je crois, je ne l'ai tant désiré, mais avec une pleine soumission à la volonté divine. »

Qu'on ne s'étonne ni ne se scandalise de ces retours sur le passé. Une âme reconnaissante et délicate ne fait pas table rase du souvenir des bienfaits reçus de Dieu directement ou par les intermédiaires qu'Il a choisis dans sa bonté. Il y a une telle différence entre la Mère Vignon dans ce passé qu'elle évoque « pieusement et joyeusement », et ce qu'elle est aujourd'hui en traçant ces lignes affectueuses ! Son désir d'en causer avec son amie venait du besoin de lui montrer les choses dans leur réalité et de lui rendre le bien qu'elle en avait reçu.

« Je m'y trouverais trop bien pour une religieuse », dit la chère Mère en parlant de Boulogne. Elle s'y sentait déjà entourée de confiance et d'affection, et son âme, pleinement donnée à Dieu, mais consciente de sa faiblesse, redoutait tout mélange humain. Aussi quel dégagement dans son dévouement même ! dégagement religieux sans rudesse aucune. Son abord, toujours digne, n'avait rien d'austère ; son accueil était bon, affable, maternel, si elle s'apercevait d'une expression ou d'une manifestation trop naturelle, par un mot très net, d'une manière simple, elle coupait court ; la religieuse seule apparaissait alors comme entourée d'une auréole qui inspirait le respect sans diminuer l'affection : on savait que le cœur sur lequel on comptait était à Dieu avant tout et qu'on n'y trouverait jamais que Lui.

En octobre 1863, le pensionnat établi à Péronne depuis quelques années fut fermé, et quinze

enfants, amenées par la Mère Marie Noël, leur supérieure, vinrent augmenter la petite famille boulonnaise. La maîtresse générale leur ouvrit aussitôt son cœur, les mit à l'aise et, grâce à sa bonté,
à son tact délicat, la fusion ne tarda pas à se faire.

Elle veillait elle-même à tout sans cependant
gêner l'action des maîtresses de classe et des sur-
veillantes. Il était si facile de s'entendre avec elle !
non qu'elle laissât faire bénévolement sans jamais
reprendre, mais elle se réjouissait du bien accompli par les autres et secondait leur activité de tout
son pouvoir.

Elle ne grondait pas souvent les élèves ; quand
elle croyait devoir le faire c'était en quelques mots
fermes, précis et bien accentués qui laissaient une
profonde impression. Le reproche était juste,
modéré, proportionné à la faute : il suffisait,
sans qu'il fût nécessaire de recourir à des péni-
tences. L'absence de dignité dans la conduite des
grandes, l'insubordination, l'oubli du respect dû
aux maîtresses ou même, de la part des plus
jeunes, un manque d'égards pour les aînées,
étaient repris avec une énergie particulière.
Chacune se sentait suivie par un œil vigilant et
maternel, tenue par une main ferme et bonne.
Après une réparation publique faite spontané-
ment, une enfant de Marie qui s'était oubliée ne
recevait que cette parole dite en passant : « C'est
bien ! » et il n'était plus question de la faute.

Sans que cela ait jamais nui au respect que les enfants lui devaient, la Mère Vignon se mêlait à leurs jeux et y entretenait une ardeur à laquelle elle attachait une grande importance. Le manque d'entrain à la récréation lui déplaisait autant que la mollesse au travail. Elle voulait faire de ses enfants des femmes vaillantes et ne laissait passer aucune occasion de stimuler leurs efforts. Quand un sacrifice s'en suivait et qu'elle rencontrait une âme généreuse, elle encourageait par un mot qui poussait, sans qu'on s'en aperçût, à une générosité plus grande encore.

Dans ses entretiens particuliers ; entretiens ordinairement peu fréquents, peu prolongés, mais toujours accordés à un besoin réel, c'était la bonté, la vérité, une autorité toute surnaturelle qui saisissaient. Il était pour ainsi dire impossible de ne pas se rendre à ses exhortations et et à ses conseils : « Que Dieu vous donne autant de courage pour suivre la vérité que vous en avez pour l'entendre, disait-elle, et tout ira bien. »

. Elle respectait l'action de la grâce, elle ne la devançait pas. A certaines enfants elle se contentait de demander le fidèle accomplissement des commandements de Dieu et de l'Église et l'observation du règlement, mais elle y tenait ; et, après leur entrée dans le monde, elle les guidait encore sur la ligne du devoir, se servant des épreuves de la route pour les aider à monter vers une plus haute perfection.

Si elle voyait une enfant facile à entraîner s'écarter de la bonne voie, elle l'appelait et, doucement, dans un petit examen de ses dispositions du moment, lui faisait toucher du doigt sa faiblesse, son défaut particulier, lui montrait le danger, puis, avec une parole de foi, une exhortation à mieux prier, la renvoyait remontée et encouragée.

Comme elle savait inculquer cette nécessité de la prière ! « Vous n'êtes pas bonne, disait-elle un jour, c'est que vous n'êtes pas pieuse : c'est Dieu seul qui agrandit le cœur. » Elle répétait souvent la parole de l'*Imitation* : « Vous recourez trop tard à la prière. » Elle ajoutait : « Au lieu de chercher à droite ou à gauche ce que vous ne trouvez pas en vous, allez donc à Dieu d'abord ! » Et elle recommandait de dire et de redire avec les apôtres à leur divin Maître : « Seigneur, apprenez-nous à prier ! »

Autant elle encourageait la bonne volonté, soutenait la faiblesse, autant elle était impitoyable pour ce qu'elle appelait la lâcheté à se vaincre. Mais comme on la sentait heureuse et presque fière des victoires remportées par ses enfants ! Il lui en fallait de vraies : le cordon de sagesse, par exemple, ne la satisfaisait qu'à moitié pour certaines natures à qui la régularité, le silence dans les rangs et à l'étude coûtaient peu et qui manquaient d'ardeur et d'émulation pour le travail. Elle appelait l'attention sur le côté faible, signalait le genre d'effort à faire et ne se déclarait contente que lorsqu'elle l'avait obtenu.

D'autre part, la Mère Vignon était habile à discerner les aptitudes, les petits talents, pour les utiliser à propos et les développer. C'étaient les dons de Dieu qu'il ne fallait pas laisser perdre. En étudiant ainsi le bon côté de chacune, en montrant les qualités à cultiver, elle pouvait plus facilement faire convenir des défauts. Les mères ne voient souvent que du bien dans leurs enfants ou, trop ambitieuses, ne regardent que les déficits et s'en irritent : la maîtresse générale voyait dans les siennes le bon et le mauvais et s'attachait « à triompher du mal par le bien. »

Quand elle avait un reproche à faire, elle commençait par éveiller la conscience : « Qu'avez-vous fait ou dit dans telle circonstance ? » demandait-elle. Si on se taisait, elle répondait elle-même et, en quelques mots, découvrait le motif qui avait fait parler ou agir, en signalait le ridicule orgueil ou la secrète malice. On la quittait, humiliée sans doute, mais sans amertume, car jamais elle ne montrait d'irritation, n'employait d'expressions blessantes ou décourageantes. La vérité une fois dite et comprise, elle n'y revenait plus, tout était fini et oublié.

On se sentait connue avec toutes ses misères mais aussi aimée et guidée par une affection supérieure à tous les petits engouements. Autant la Mère Vignon était maternelle quand elle avait à consoler une vraie peine, ou à soutenir une bonne volonté encore faible, autant elle repoussait ce qui n'était qu'humain et naturel. On savait à quoi s'en tenir : « Votre conduite m'étonne et m'inquiète singulièrement, écrivait-elle un jour à une enfant. Ce n'est pas ce que je devais attendre comme résultat de notre conversation. Il faut un changement ou une explication, autrement, dans la crainte de vous être plus nuisible qu'utile, je devrai cesser entièrement de m'occuper de vous en particulier. »

On ne se faisait pas répéter de si graves avertissements, aussi la bonne Mère était-elle à l'aise avec ses enfants. Elle s'intéressait à tout ce qui les touchait, comprenait leurs besoins, souffrait de ce qui les faisait souffrir sans que jamais sa bonté dégénérât en faiblesse. Son affection était toujours ferme et digne : toutes y avaient droit. Quand le mot qui console et fortifie avait été dit, elle ne permettait pas qu'on se repliât sur soi-même : elle enseignait à espérer tout de Dieu, à réagir contre les impressions pénibles en cherchant dans l'accomplissement du devoir le meilleur et le plus sûr dérivatif.

Sa reconnaissance s'exprimait avec une délicatesse touchante lorsqu'on témoignait à ses enfants visitées par quelque épreuve une bonté efficace : « Ce que vous faites pour N..., écrivait-elle un jour, me semble fait à moi-même. »

Le plus souvent, en recevant de douloureuses confidences ou en donnant de tristes nouvelles, elle parlait peu, mais elle trouvait le mot de foi qui donne lumière, courage et confiance. Sa propre expérience lui avait appris à connaître la conduite paternelle de la Providence, à lui tout abandonner, à ne pas écarter un mal apparent d'où peut sortir un véritable bien.

Aux Enfants de Marie surtout la Mère Vignon inculquait ces principes de foi, leur inspirant la fidélité au devoir, la persévérance dans le travail, la constance dans la lutte, le dévouement à leurs compagnes, l'amour du sacrifice. Comme elle s'appliquait à leur faire comprendre que le sentiment n'est rien sans les actes !

Quelles que fussent leurs impressions, leur humeur du moment, leurs petites contrariétés ou difficultés, on devait toujours pouvoir compter sur les Congréganistes pour faire honneur à la Sainte Vierge dans les classes, dans les récréations, partout où il y avait à faire du bien, à se donner de la peine, à mettre de l'entrain, enfin à s'oublier.

Pour éveiller et développer la conscience, elle aimait à supprimer parfois la surveillance, à laisser aux enfants la responsabilité de leurs actes, quitte à leur faire rendre compte ensuite de leurs manquements à la **régularité** et au silence. Elle formait ainsi le caractère loyal.

Une lettre, trouvée dans la correspondance de deux Anciennes, résume, en les animant du souffle de la vie, les impressions et les souvenirs qui viennent d'être rappelés. Elle est datée du **mois de mars** :

« Voilà le cher mois de Saint Joseph d'heureuse mémoire ! Vous rappelez-vous nos premières neuvaines si simples et si ferventes ? Et notre petite retraite d'un jour ? ces méditations dont notre bonne Directrice nous donnait les points ? et notre promenade silencieuse dans le bois de Saint Joseph ? Et surtout le Chemin de Croix et l'Heure Sainte par lesquels nous terminions, le plus tard possible, une si bonne journée ! Là, nous avons appris, vous le rappelez-vous, le courage de la prière. l'union de la joie et du sacrifice, la direction à donner à notre volonté... toutes choses qui devaient jeter en nous les fondements d'une vie chrétienne et solide... ou de la vie religieuse. Qui n'y pensait pas dans ces bons moments ? Et si un devoir impérieux n'eût été là, dites, chère Amie, n'est-ce pas qu'au lieu de nous écrire, c'est dans une conversation bien douce que nous pourrions nous exciter à remercier Notre-Seigneur de tant de biens dont Il a entouré notre heureux temps de pensionnat ? Voilà le moment

de la moisson. Oh ! que les semailles étaient abon-
dantes ! la main qui les jetait bénie de Dieu et
nos cœurs bien ouverts ! »

Si les vacances laissaient présager pour une
enfant quelque difficulté nouvelle, une occasion
un peu redoutée, par exemple une soirée au
théâtre, la Mère Vignon était consultée :

« Vous vous êtes préparée par la prière, écrivait-elle, je suis tranquille et n'ai à ce sujet ni
crainte ni désir. Quoi qu'il arrive, comptez sur le bon
Dieu, Il ne permettra rien qui nuise à votre âme. »

Certaines âmes comprennent mieux ces choses:
c'est qu'elles sont appelées, peut-être encore à
leur insu, à une vie parfaite, soit dans le cloître,
soit même dans le monde, par la voie sanctifiante
du sacrifice et de la douleur. Jamais la Mère
Vignon ne parlait de vocation la première ; elle
laissait venir et sa prudence était si grande qu'elle
déconcertait d'abord les enfants qui s'ouvraient
à elle sur ce sujet délicat. Et pourtant, on le sentait dans la suite, c'était une joie intime pour son
cœur de religieuse ! Ou bien elle avait déjà devi-
né le cher secret et alors elle se contentait de
sourire comme pour dire : Attendons ! — ou elle
se réservait de suivre et d'étudier le développement de l'action de Dieu avant de donner un
encouragement.

Plus l'appel lui semblait sérieux, plus elle poussait à l'acquisition des vertus solides. Il ne fallait

pas se contenter de les admirer de loin dans les autres, de les rêver pour soi dans l'avenir, il fallait les pratiquer.

Chaque année, la maîtresse générale lisait au moins une fois à la première division le discours du R. P. Félix sur le travail et en commentait ou plutôt appliquait à son auditoire les passages les plus saillants. Comme elle savait faire ressortir l'importance de cette « loi de la vie et de l'éducation » pour élever les âmes, obtenir tout ce qui était possible avec la grâce de Dieu, en cultivant à la fois les intelligences et les volontés.

Son enseignement lumineux, convaincant était essentiellement simple dans la forme. Avec une bonté et une indulgence qui aidaient singulièrement au développement de ses élèves, elle se mettait à la portée de chacune, trouvant toujours, malgré son goût délicat en littérature, quelque chose de bon à relever dans les compositions même les plus médiocres : c'est ainsi qu'elle donnait confiance aux enfants craintives et les animait au travail.

La Mère Vignon faisait partager à ses grandes son goût pour la langue et les œuvres du XVIIe siècle. Son admiration pour Bossuet était de l'enthousiasme. Elle qui, dans sa jeunesse, avait tant aimé Lamartine et Victor Hugo, ne les louait plus qu'avec réserve. Racine était certainement son poète favori et, si on ose le dire, son modèle. Elle le citait volontiers et en faisait goûter l'exquise délicatesse, la pureté et l'harmonie.

Elle avait un don particulier pour exercer les élèves à bien dire les vers. La déclamation lui déplaisait pour une jeune fille, mais elle formait à un débit vrai, c'est-à-dire naturel et animé par le sentiment du rythme aussi bien que par la pensée du poète.

Ses programmes de séances sont restés des modèles par leur choix heureux et varié. On y trouvait toujours quelque scène classique avec une fable de La Fontaine ; elle y ajoutait volontiers des morceaux plus modernes offrant l'intérêt, le piquant de l'actualité. Elle ne pouvait souffrir le banal et l'insignifiant et ne voulait confier à la mémoire des enfants que des vers dignes' d'être retenus.

Les fêtes qu'elle préparait avaient le cachet de la simplicité, de la variété et du bon goût. Il serait trop long d'énumérer les œuvres poétiques de la bonne Mère pour ces réunions de famille. Nommons seulement : Le miracle des roses, la Foi, l'Espérance et la Charité, Agar dans le désert, le retour de Tobie, la visite de Saint Antoine à Saint Paul ermite, les sept merveilles du monde, et le cantique de Pâques : Jésus a renversé la pierre.

Elle avait toujours quelque idée nouvelle pieuse ou gracieuse.

Depuis la fondation de la maison, Mgr Parisis était l'hôte de Nazareth à chacune de ses visites à Boulogne. Peu de temps avant sa tournée pastorale de 1864, la *Vie de Jésus* par Renan avait causé un grand trouble dans le monde religieux. L'illustre prélat avait répondu à cet ouvrage par un écrit qui eut alors une grande autorité. La Mère Vigon s'en inspira et composa à cette occasion un dialogue entre trois pensionnaires ; la Croix, l'Eucharistie, la Vierge Immaculée, attaquées par l'écrivain apostat, eurent chacune leur hymne de louange où les expressions mêmes de la « Réponse à Renan » se trouvent enchâssées.

Citer cette pièce serait donner une idée de la poésie de la Mère Vignon. Voici les lignes consacrées à Marie :

« Pour aimer, consoler, soutenir les mortels
« La Vierge Immaculée, auprès des saints autels
« M'apparaissait. Semblable au lys de la vallée,
« Je crus la voir d'abord comme à demi voilée,
« Traverser cette terre en montrant le chemin
» Puis monter vers le ciel et nous tendre la main.
« Je la vis s'élever sur les ailes des anges
« Qui, tout brûlants d'amour et chantant ses louanges
« La proclamaient leur Reine, et, dans tout l'univers,
« Mille voix répondaient par les plus doux concerts.

« Les siècles saluaient la Vierge radieuse,
« Les générations l'appelaient bienheureuse,
« Partout on bénissait la Mère du Sauveur,
« Partout on célébrait sa gloire et sa grandeur. »

La Mère Vignon était trop occupée du bien
et trop soucieuse d'établir l'éducation sur une
base solide pour ne pas attacher une grande
importance à toutes les classes du pensionnat.
Elle voyait souvent les maîtresses pour se faire
rendre compte du travail de leurs élèves et les
aider de ses conseils.

Les mères de famille étaient frappées de la
connaissance qu'elle avait de leurs enfants,
aussi se laissaient-elles volontiers guider par
ses vues, acceptant de voir tomber leurs illusions maternelles dans l'espoir que « ces objets
d'une aveugle tendresse » se transformeraient
peu à peu sous une direction si bonne et si sage.

Combien elles étaient touchées et rassurées par
la sollicitude dont était entourée la santé de
leurs enfants ! La maîtresse générale visitait
souvent celles qui étaient souffrantes et, si la
maladie donnait des inquiétudes, elle passait
par toutes les angoisses d'une véritable mère.

Plusieurs fois de petites Anglaises lui furent
confiées par des Dames obligées d'accompagner
leur mari dans les colonies lointaines. Elle comprenait, comme si elle l'eût éprouvé elle-même, le

déchirement de pareilles séparations, aussi les jeunes mamans la voyant si bonne et si compatissante, étaient presque consolées en lui laissant leurs enfants.

L'une de ces chères petites fut l'objet de ses soins d'une manière toute particulière. Ida eût pu devenir une poupée, le vivant joujou des grandes : il fut défendu au pensionnat de la gâter et de l'embrasser. Lorsque, à une première visite, ses parents l'emmenèrent avec eux à l'hôtel, on la trouva ravissante : les messieurs et les dames de la société se la passaient de main en main et elle, avec une dignité qui ne manquait pas de grâce, se dérobait aux caresses en disant : « Madame Vignon ne veut pas qu'on embrasse Ida. » Le père et la mère approuvaient par un sourire et Mme Vignon était obéie.

Il était impossible de s'entretenir avec elle, sans être frappé de la justesse et de la largeur de ses idées, même quand on n'en saisissait pas encore la portée surnaturelle, de sorte que des relations, commencées uniquement en vue des enfants, lui permirent de ramener peu à peu à des pratiques religieuses d'excellentes mères de famille plus ou moins éloignées de Dieu. Elle ne cessa jamais de veiller avec une sainte amitié sur celles qu'elle avait aidées et qui lui gardèrent jusqu'à la fin leur confiance et leur respectueux attachement.

Cependant, comme toutes les âmes engagées dans une vie religieuse mixte, qui doivent beaucoup donner au dehors et ont besoin pour cela d'une grande union à Dieu, la Mère Vignon se sentait parfois débordée et, sans gémir sur une situation qui répondait si bien à son attrait de dévouement et de zèle, elle s'accusait humblement.

Elle écrivait à la fin d'une année très remplie :

« Les affaires extérieures me pressent et j'ai la mauvaise habitude de les accumuler autour de moi ce qui ne plaît pas du tout à mes supérieures ; elles sentent bien qu'un excès de préoccupations emporte l'esprit et diminue la vie intérieure ; je le sens aussi et c'est le sujet d'une de mes grandes résolutions de retraite mais la nature reparaît. Pauvre nature ! vous ne l'avez pas enterrée tout à fait le jour où vous m'avez donné le saint habit religieux. Vous pouvez au moins vous rendre le témoignage que vous avez fait tout ce que vous avez pu, mon Père, pour me mettre dans la bonne voie. Lorsque je me trouve si fort en retard sur le chemin de la perfection, ne m'est-il pas permis de penser que vous m'aidez de vos bonnes prières et que vous recommandez à Dieu votre ancienne fille !

« Quelle date ! Comme les années s'accumulent ! Je m'étonne en les comptant ; c'est étonnement et non tristesse : je ne vois rien à regretter.

J'ai hâte d'avancer cependant car mes mains sont bien vides ! En vérité, au milieu de tout ce croisement de désirs, il n'y a qu'une chose à faire, c'est de se reposer dans la sainte et aimable volonté de Dieu. »

La Mère Vignon se peint dans ces dernières lignes : toujours loyale et vraie devant Dieu et devant les guides de son âme, elle constate ce qui lui paraît être un déficit mais elle ne s'arrête pas à de vagues et stériles regrets. Elle regarde plus haut et, si l'humilité lui montre ses « mains vides », le désir de la perfection qui la possède la jette tout entière dans la confiance et l'abandon à la divine volonté.

Cette divine volonté lui ménageait une mission plus étendue avec une plus grande responsabilité, mais dans le même milieu si connu et si familier. A la suite du chapitre de 1868, auquel elle assista en qualité de déléguée, elle fut nommée supérieure de la maison de Boulogne, en remplacement de la Mère Helot, retenue à la maison-mère comme vice-supérieure.

Son retour aux Moulineaux fut l'objet d'une double joie : sa nouvelle charge l'attachait par un lien encore plus fort à cette famille qu'elle avait vue naître et qui avait pris, grâce à elle, un si heureux développement. Elle ne devait plus voir les enfants que de loin en loin, mais elle tint à se réserver quelques cours ; jamais elle ne cessa de les entourer de sa sollicitude, de chercher et de procurer leur bien, surtout par la direction imprimée aux religieuses.

« Parmi tant de dons naturels et surnaturels que Dieu a faits à notre vénérée Mère Vignon, écrit une de ses anciennes filles, il me semble qu'un des plus précieux est l'exquise délicatesse de son cœur et son tact pour toucher aux âmes. Elle ne les abordait qu'avec respect. Elle s'étudiait à les bien connaître pour les conduire fortement et suavement. Combien de fois nous avons été surprises de l'attention qu'elle prêtait à l'exposé de nos difficultés, avant de donner un conseil ou une décision. Elle paraissait craindre de gêner l'action de Dieu ; on sentait qu'elle consultait l'Esprit-Saint pour savoir de quel côté soufflait le vent de la grâce.

« Elle avait de touchantes appréhensions, craignant d'abattre ou de décourager. Cependant elle était sans ménagements pour l'amour-propre et pour tout ce qui pouvait altérer l'esprit religieux, mais elle savait dire la vérité sans blesser ; elle avait le don de mettre à l'aise et d'inspirer la confiance. »

Quand on lui avouait une faute, une faiblesse ou un insuccès, elle relevait le courage sans enlever l'humiliation. Bien plus, elle la faisait aimer. On répétait après elle : « Mon Dieu, il m'est bon d'avoir été humiliée. » Et on la quittait sans se sentir jamais amoindrie dans son estime et dans son affection.

Les jeunes religieuses étaient formées par elle avec un soin tout particulier : elle voulait en faire des instruments utiles pour l'œuvre de Nazareth. Dans les entretiens intimes comme dans les lectures spirituelles choisies, expliquées, commentées, elle avait toujours en vue un bien déterminé; ses conférences à la Communauté étaient simples, pratiques, tendant à mettre les esprits dans la vérité, toujours basées sur l'Évangile, l'Imitation de Jésus-Christ, les Règles. Ces trois livres formaient le fond de sa doctrine ; elle y revenait sans cesse, alors même qu'elle puisait dans différents auteurs ascétiques l'aliment qu'elle offrait aux âmes.

Ne négligeant rien non plus pour le progrès des études et le développement intellectuel des jeunes sujets, elle les réunissait parfois pour leur faire une belle lecture, articles de revue ou discours de circonstance qui les mettait un peu au fait des grandes questions du moment. Tout ce qui intéressait l'Église, la France, tout ce qui est beau, élevé, la charmait et elle voulait le faire apprécier par son cher entourage. Les élèves des premières classes étaient quelquesfois appelées à des lectures de ce genre dans la chambre de la Mère Supérieure : c'était un vrai festin pour l'intelligence et pour le cœur.

Ses occupations si nombreuses qu'elles fussent, ne se nuisaient pas entre elles, mais par moments, elles éveillaient dans son âme cette crainte que nous l'avons déjà entendue exprimer, de ne pas donner à Dieu autant qu'il était en droit d'attendre d'elle pour l'entretien de sa vie intérieure.

La bonne Mère raconta un jour à ce sujet un songe qui lui avait fait une vive impression. C'était à la veille d'une visite épiscopale. Il devait y avoir messe et confirmation solennelle, suivies d'une grande réception au pensionnat. De nombreux parents étaient venus pour la cérémonie, enfin la journée avait été remplie par tous les préparatifs et, le soir venu, la Mère Supérieure, qui ne se plaignait jamais de la fatigue, avait grand besoin de prendre son repos. Elle ne tarda pas à s'endormir. Elle se trouva transportée dans une salle comme celle des séances du pensionnat, où la Sainte Vierge portant l'Enfant Jésus, était entourée d'un certain nombre de personnes auxquelles elle le présentait en souriant.

La pauvre Mère agenouillée attendait son tour mais la Sainte Vierge arrêta un instant sur elle un regard triste puis soudain tout disparut et elle se trouva seule : un chapelet et un scapulaire étaient là, par terre, devant elle. Elle se réveilla sous le coup de l'émotion et se rappela que, la veille, elle n'avait pas eu le temps de dire son chapelet et s'était trouvée trop lasse pour y penser au moment du coucher. Et, chose extraordinaire, elle ne portait pas son scapulaire.

Cet avertissement, ce regard de reproche surtout, lui perça le cœur. Sa piété envers la Sainte Vierge, déjà bien grande à cette époque, s'accrut encore après ce rêve : on pouvait remarquer la fidélité et la ferveur avec lesquelles elle disait son chapelet et, pendant les dernières années de sa vie, le rosaire entier tous les jours.

L'entendre parler de Marie ou réciter des prières en son honneur suffisait pour inspirer la dévotion. Sa confiance en elle était tendre et communicative ; elle savait pouvoir tout espérer de son Cœur. Elle s'affligeait et s'inquiétait lorsqu'elle rencontrait une âme dépourvue de ce gage de prédestination qu'est le recours habituel à Marie ; elle insistait jusqu'à ce qu'elle eût obtenu au moins l'assurance d'une prière journalière à la Mère de miséricorde.

La Sainte Vierge bénissait visiblement la maison de Boulogne qui lui était consacrée. A la rentrée d'octobre, le nombre des élèves dépassa la centaine comme l'année précédente : « Nous avons tous les types, écrivait la bonne Mère ; portugais, indiens, américains, anglais, etc. Cette variété m'amuse parce que, heureusement, c'est toujours le français qui domine et notre pensionnat, tout en empruntant ce qu'il y a de bon au-delà du détroit, ne perd pas sa teinte nationale.

Nous avons le plaisir de faire des études de mœurs en prenant la nature sur le fait.

« Mais, ce qui vaut cent fois mieux, nous avons la consolation de suivre les progrès du catholicisme chez nous et autour de nous. Dans le courant de janvier, notre petite chapelle sera témoin de l'abjuration de deux de nos élèves, jeunes filles de seize ans, qui ont obtenu de leur famille la permission de revenir à la vraie foi. Ces exemples font grand bien même à nos catholiques, qui se trouvent en éveil et soutenues par l'obligation d'édifier leurs compagnes protestantes. Mais jamais les controverses ne s'entament entre elles, Dieu merci ! C'est au parloir seulement que j'ai de singulières questions à débattre.

« Vos bonnes prières ne m'ont jamais été plus nécessaires, ajoute-t-elle en finissant. Je ne vous dirai point que je soupire après le repos d'esprit. Lorsque cette tentation se présente, il me semble entendre Notre-Seigneur me dire : « Vous, ne savez ce que vous demandez ? Je ferme les yeux et je conclus aisément qu'en ce monde on ne fait rien sans peine. »

Pendant les grandes vacances de 1870, la consternation fut telle à Boulogne que la plupart des familles aisées partirent pour l'Angleterre. La Mère Vignon dut faire la traversée, non pour s'y installer, mais pour voir sur les lieux mêmes s'il ne serait pas bon d'établir provisoirement à

Londres quelques religieuses, qui y continue-
raient l'éducation des élèves anglaises et rece-
vraient les Françaises exilées. Elle fut très bien
accueillie par d'excellents amis mais, tout examiné, elle recula devant l'entreprise et ne regretta
rien. Le pensionnat se trouva dès la rentrée aussi
nombreux que les années précédentes : Des Pari-
siennes, des Amiénoises vinrent y chercher un
refuge.

Boulogne, préservé de l'invasion, se rassura
peu à peu ; on commençait à espérer sans savoir
de quel côté pourrait venir le secours.

La Champagne était occupée, Lyon menacé et
les communications avec le Nord interrompues.
La Mère Vignon et sa communauté sentaient
vivement l'absence des nouvelles d'Oullins et de
Montléan lorsque, dans les premiers jours de
novembre, la Mère Trebuchet et ses novices,
après bien des péripéties de voyage, arrivèrent
à Boulogne sans avoir pu être annoncées. Avec
quelle émotion et quel bonheur la Mère Supérieure
leur ouvrit les bras ! Elle les présenta à la communauté comme une bénédiction pour la maison ;
son cœur débordait de tendresse et de charité
pour ces Benjamines de la famille. Quant au
réconfort qu'elle éprouvait à vivre de nouveau
auprès de la « bonne » Mère Trebuchet, à s'entretenir avec elle, à s'édifier de ses vertus, il faut
avoir vu les deux Mères ensemble pour le com-

prendre. Quelle sainte union dans l'amour de la Société dont un mur de fer et de feu les séparait alors !

Pour toute la famille, c'était une joie de voir circuler les voiles blancs, à la chapelle, dans les cloîtres, à travers les arbres de l'enclos. Ils semblaient porter l'espérance dans leurs plis.

Confiante dans un vœu fait à la Sainte Vierge pour la préservation de la maison, la Mère Supérieure n'en restait pas moins préoccupée et navrée de l'état de notre pauvre pays :

« Ah ! que nous avons besoin de respirer un autre air que celui de ce misérable monde, écrit-elle le 27 décembre 1870. Jamais je n'ai tant soupiré après le ciel. Ce n'est pas un grand acte de générosité, c'est presque lâcheté ! mais tout est si laid, si bas, si méprisable !... tout, je me trompe ; c'est le moment où les caractères se dessinent, la voix de quelques grandes âmes console un peu et fait encore espérer pour l'avenir. »

Après avoir donné des nouvelles de sa famille religieuse, la bonne Mère finit par de tristes constatations et appréhensions :

« Boulogne est devenu l'asile de quelques grandes familles qui ont fui devant les Prussiens. On a continué longtemps à s'amuser, cependant à mesure que l'ennemi approche, les fêtes cessent et on prie. Mais la mollesse est telle qu'au milieu de toutes les misères qui appellent la charité, nous ne pouvons empêcher les parents de jeter à profusion bonbons et gâteaux à leurs enfants. Que faire pour christianiser cette éducation ? La Providence s'en charge ! l'invasion viendra-t-elle jusqu'à nous ? Je le crains et je tâche d'en accepter les conséquences. Nous sommes dans un temps où on ne peut que dire : Faites, Seigneur, seulement, ayez pitié ! Il y a tant de malheureux qu'on n'ose presque pas vouloir être épargné. »

L'armistice signé en février arrêta la marche de l'ennemi : vingt-quatre heures plus tard, Boulogne eût subi l'humiliante et désastreuse invasion. La Mère Supérieure était résolue à rester à son poste quoi qu'il arrivât. C'est à la Sainte Vierge que toute la communauté attribua les grâces de préservation et l'heureuse marche du pensionnat pendant ce temps d'épreuve. Le bien avait continué à se faire et, autant que possible, la correspondance avec les anciennes élèves avait soutenu les unes et les autres au milieu de leurs anxiétés, de leurs pertes et de leurs deuils.

Mlle Molroguier mourut pendant cette période agitée : « J'espérais pour elle plus de consolations et de secours religieux, écrit la Mère Vignon en apprenant cette nouvelle. Ses souffrances et ses misères ont été sans doute une grâce de purification. J'ai confiance que le bon Dieu l'a jugée dans sa miséricorde et je continue à lui payer mon tribut de reconnaissance. »

La reconnaissance était un des sentiments les plus vifs de cette âme délicate. Si elle l'entretenait pour la pauvre institutrice qui, tout en lui montrant un certain intérêt humain, avait si peu compris sa mission auprès d'elle, combien plus la gardait-elle aux vrais bienfaiteurs de son âme !

Elle savait l'exprimer d'une manière touchante.

« Je montre au divin Maître, écrivait-elle à M. le Curé de Bourgoin, la chaîne de grâces dont vous tenez le premier anneau. Ma fidélité devrait être pour vous une source de bénédictions, aussi la pensée de ce que je vous dois m'est un bon aiguillon. Priez, mon Père, pour que j'acquitte mieux la dette que j'aime et que je ne saurais oublier. »

L'année 1872 allait amener un changement de supérieure générale et la Mère Vignon devait se rendre à la maison-mère pour prendre part au chapitre. En songeant à ce voyage et aux conséquences de la future élection, elle entrevoyait pour elle-même une épreuve, mais combien différente de celle que Dieu lui préparait !

« Je vous supplie, écrivait-elle, de prier pour moi tout particulièrement lors de mon voyage à Oullins. Je prévois à cette occasion de grands sacrifices à faire. Il y a douze ans que je suis à Boulogne et, malgré moi, j'ai pris racine dans cette maison que j'ai vu fonder ; je m'y suis attachée d'autant plus que j'y ai souffert davantage et pourtant je ne puis pas dire que je désire y être renvoyée. Je redoute ces liens mêmes contraires à ma profession religieuse et, puisqu'il faudra les briser tôt ou tard, pourquoi attendre ? Mais la nature est là et je me prépare à une secousse ; je m'y attends, je dirais presque je la désire et, quand la chose arrivera, je me trouverai encore toute désorientée. Pauvre et faible nature ! la reconnaissez-vous ? Qui croirait qu'elle a vingt ans de vie religieuse et quatre ans de supériorité ? »

A mesure que les mois s'écoulaient, la Mère Vignon, tout à son œuvre, se préparait dans la prière et l'abandon à ce que lui réservait l'avenir. Elle n'entrevoyait que le sacrifice de la séparation et son âme généreuse, aspirant à un détachement toujours plus grand, le désirait. Si elle avait pu prévoir ce qui l'attendait à Oullins, elle eût été écrasée. Dieu est bon de nous cacher le lendemain et de ne nous découvrir les sacrifices et les peines que dans une mesure qui nous les rende acceptables, désirables même !

N'est-ce pas le sentiment qu'on éprouve en lisant cette lettre du 12 juillet, la dernière qui révèle encore la jeunesse de l'âme et une certaine allégresse ? On croirait entendre comme un battement d'ailes vers une région supérieure de liberté et de paix.

« Mon bon Père,

« Cette fois c'est bien joyeusement que je suis fidèle au rendez-vous ; la perspective d'une réunion très prochaine semble effacer toute distance et je me retrouve, comme il y a vingt et un ans, frappant à votre porte pour vous offrir mes vœux. J'ai droit d'entrée et je suis sûre d'être bien reçue. Ne tenez-vous pas le premier anneau de la chaîne précieuse qui me lie à Notre-Seigneur et, quand je le bénis de m'avoir séparée du monde, puis-je oublier que c'est par vous que la lumière s'est faite dans mon âme ? Cette séparation du monde, comme on l'apprécie à l'heure où nous sommes ! Quel besoin du ciel quand la terre est tout à la fois si aride et si vacillante !

« ... Se revoir après treize ou quatorze ans ! Que de choses passées ! que de souvenirs présents ! je ne veux pas trop jouir d'avance de peur que quelque obstacle surgisse. Vous me trouverez changée extérieurement mais, au fond, je reste toujours la même enfant, la même par le cœur que je ne veux pas changer, mais aussi malheureusement la même par une volonté faible et impuissante au bien.

« Je me prépare à une grande secousse ; on ne peut toucher à ma position actuelle sans la produire. Jugez par là de mon dégagement ! Douze ans à Boulogne ! Trop aimée, trop entourée pour le bien de mon âme, j'attends que le bon Dieu fasse son œuvre. Je n'ose le demander mais je me prépare à l'accepter et, si j'entrevois l'orage presque inévitable, regardant encore plus avant, je vois la paix qui suivra. C'est une bonne chose que d'être entre les mains de Dieu et de n'avoir plus à décider pour son propre compte. »

De ce qui se passait dans cette âme sensible et profonde, rien ne paraissait au dehors. Elle restait égale à elle-même, animait les réunions de communauté, montrait jusqu'à la fin à ses filles, avec le même cœur et le même dévouement pratique, l'intérêt qu'elle leur portait. Seulement elle trahissait malgré elle ses propres sentiments quand elle les exhortait à l'acceptation de la volonté divine et à ce dégagement entier, si nécessaire à l'âme qui veut s'unir à Dieu.

CHAPITRE IV

Le Chapitre général tint sa séance prépara-
toire le 19 août, sous la présidence de la Révérende Mère Pauline de Vaux, sortant de charge.

Le 21, en la fête de Sainte Jeanne de Chantal,
Sa Grandeur Mgr Ginouilhac, archevêque de
Lyon, vint célébrer la messe et présider la séance
d'élection : la Révérende Mère Louise Vignon
fut élue supérieure générale.

Ce coup inattendu la frappa bien plus que tous
les sacrifices auxquels elle était préparée. Dans
l'impossibilité de se soustraire au fardeau qui
lui était imposé, elle se courba sous la main de
Dieu. Un grand acte de foi et d'amour pouvait
seul triompher de la terreur qui l'envahissait.
Elle se prêta à la cérémonie de son installation
comme une victime se laisse placer sur l'autel du

sacrifice. Tout ce qu'elle avait souffert jusque-là ne lui semblait rien en comparaison de ce qui se dressait devant elle.

On la vit un moment, dans cette solennelle matinée, humblement prosternée à la table de communion : lorsqu'elle se releva, la pensée de la volonté de Dieu et de l'expiation qui ne la quittait jamais l'aidèrent à reparaître à la salle du Chapitre pour recevoir l'obédience de la communauté. La partie officielle étant terminée, elle tendit les bras aux Mères anciennes, exprimant le désir de les embrasser et de donner à toutes les religieuses le baiser de paix.

« Dieu m'a fait nommer, dit-elle, c'est qu'Il veut que Nazareth reste bien petit. » Elle eut alors une parole bonne et délicate pour chacune, mais surtout pour la Mère à laquelle elle succédait :

« Pendant que vous porterez le poids du jour, ma Révérende Mère, lui répondit la Mère de Vaux, nous prierons pour vous sur la montagne. » Allusion au repos et à la retraite dans laquelle elle désirait rentrer.

La Mère Vignon était peu connue en dehors de la maison de Boulogne où elle venait de passer douze années si fécondes. On la considérait, dans la Société, comme une personne d'une intelligence supérieure, de beaucoup d'esprit naturel, douée d'une riche imagination et d'un

BEYROUTH — **Façade donnant sur la mer**

vrai talent poétique. Il fallait avoir vécu avec elle pour apprécier la délicatesse, la bonté de son cœur et, plus encore, l'esprit surnaturel, le zèle, la charité qui animaient sa vie. Il fallait surtout l'avoir vue à l'œuvre dans les dernières années où l'exercice de la supériorité avait mûri ses vertus religieuses, développé ses aptitudes réelles pour la direction des âmes et pour le gouvernement.

Dès le lendemain de l'élection, le conseil de la Révérende Mère générale fut constitué. En premier lieu y figurait la révérende Mère Helot qui avait succédé immédiatement à la vénérée Fondatrice et gouverné la Société pendant vingt ans. Première supérieure de la maison de Lyon, elle avait été formée avec un soin particulier par le révérend Père Roger pour transmettre l'esprit de Nazareth et peut en être regardée comme la seconde fondatrice car, sans elle, il eût été impossible, après la mort de la Révérende Mère Rollat de mener à bonne fin une œuvre si laborieusement entreprise.

« Je vous défends de mourir avant la fin de mon généralat, » lui dit gracieusement la nouvelle Mère générale dès son élection. Dieu ratifia cette parole car la première assistante resta à son poste cinq ans encore après la sortie de charge de la Mère Vignon.

Puis, ce fut la Mère Marie Noël, une des

premières enfants de la maison de Lyon et sa première religieuse, ancienne supérieure de Montléan et de Péronne et, à ce moment, maîtresse générale du pensionnat d'Oullins où elle était entourée de l'estime et de la confiance des religieuses et des familles ; la Mère Trebuchet qui avait été supérieure à Oullins, à Montléan et avait passé six années dans la mission de Nazareth où son abnégation d'elle-même, son dévouement aux œuvres, lui avaient acquis une réputation de vertu et de bonté mise encore en relief dans la charge de maîtresse des novices qu'elle exerçait depuis cinq ans ; enfin, la Mère Lafond, une des premières postulantes du Père Roger, appelée, par la maturité de son jugement, au poste de supérieure de Lyon au moment où se concluait l'acquisition des Chassagnes.

Le Chapitre continua ses séances jusqu'au 5 septembre. Le révérend Père de Jocas S. J. avait accepté de diriger et d'éclairer la discussion des Règles dont la rédaction avait été revue avec soin pendant les années précédentes. La Mère générale montra dans cette occasion la netteté de son jugement, son sens pratique et son intelligence parfaite de l'esprit de l'Institut mais aussi son tact, sa délicatesse et son respect pour la libre expression des opinions de chacune. Elle résumait les questions avec clarté et précision et concluait d'une manière qui faisait dire au révé-

rend Père, bon juge des esprits et des caractères :
« Elle tranche, mais elle n'est pas tranchante. »

Malgré l'embarras des affaires pendant ces laborieuses semaines, un des premiers soins de la Mère générale fut d'appeler à Oullins les religieuses admises à la profession et que les évènements des derniers temps avaient fait ajourner. Elle garda auprès d'elle la Mère Helot qui devait être vice-supérieure et la suppléer pendant ses voyages ; celui d'Orient s'imposait à cause des difficultés de la fondation de Beyrouth. Cette fondation à laquelle la Mère de Vaux s'était dévouée et qui lui avait causé les plus grands soucis, offrait à la nouvelle supérieure générale une croix bien lourde à porter. A cette croix extérieure se joignaient des peines intimes qui affligeaient la délicatesse excessive de son cœur et des chagrins de famille dont elle avait souffert en secret à distance mais que le rapprochement des siens devait lui rendre plus douloureux encore.

Son âme était donc sous un pressoir d'angoisse. Elle écrit le 21 septembre : « Les affaires s'éclaircissent bien que le fardeau soit toujours accablant. J'ai honte de me sentir si faible, je suis comme paralysée ; tout est pour moi comme un rêve. »

Après une visite réconfortante : « Je ne veux pas attendre davantage pour vous dire le bien que m'a fait la bonne et intime conversation que j'ai eue avec vous. Vous m'avez réconciliée avec ma position et, bien qu'il m'arrive encore d'être quelquefois envahie par de violentes tempêtes intérieures, je tâche de ne pas me laisser abattre et je m'appuie sur votre précieux encouragement.

« Ne vous tourmentez pas à mon sujet, je prie et compte sur le bon Dieu. Je trouve d'ailleurs dans mes sœurs et mes anciennes Mères le plus parfait dévouement et la plus entière union. Puis je sais que je *dois* souffrir, que c'est justice, pour mille raisons que vous comprenez bien.

« Peut-être vers le mois de décembre je me mettrai en route pour le grand voyage ; quelquefois je me prends à désirer que ce soit le dernier et qu'ayant perdu de vue le terre, je n'y remette plus le pied. C'est paresse et orgueil. Que la sainte Volonté de Dieu soit faite. Priez pour moi, mon bon Père, et pour toute ma grande famille devenue vôtre depuis ma triste élection. »

Il ne faudrait pas, en lisant ces confidences, croire que la Mère Vignon laissât paraître au dehors l'agitation qui parfois soulevait son âme. On était, au contraire, édifié de son égalité constante, de son calme et de son énergie dans l'exercice de sa charge, touché de sa bonté et de son affabilité, de sa gaîté dans les récréations et surtout, de l'ardeur de sa foi et de sa charité. Elle s'oubliait entièrement elle-même, se répétant sans doute ce qu'elle disait souvent aux autres : « Souffrir est tout simple, cela arrive à tout le monde : il n'est pas nécessaire que qui que ce soit sache quand c'est notre tour. »

Parmi les affaires qui causaient du souci en ce moment à la révérende Mère, la plus épineuse, nous l'avons déjà dit, concernait la maison de Beyrouth dont la construction commencée avait considérablement dépassé les calculs et épuisait les ressources de la Société. Comment combler le déficit et parer aux dépenses futures ? La Mère Générale qui avait horreur des dettes et des situations embrouillées, souffrait une véritable torture. Aussi lui tardait-il de partir pour l'Orient malgré toutes les difficultés.

Elle s'embarqua pour Beyrouth le 12 décembre. Le voyage fut si pénible que, dès le second jour, ses forces l'abandonnant, il lui sembla impossible de jamais atteindre le but. De bons soins et surtout un arrêt à Palerme lui rendirent la vie.

« Qu'il fait bon, écrivait-elle, mettre pied à terre, marcher sur un sol ferme, après plusieurs jours d'étourdissement et de longues heures d'agonie ! Toutes les souffrances seraient oubliées s'il ne fallait de nouveau se remettre à bord. »

Le navire stationna à Messine, Syra, Smyrne, Mersina, Alexandrette, Latakieh, Tripoli et enfin stoppa à Beyrouth.

« Il me semblait que nous n'y arriverions

jamais ; les dernières nuits avaient été si affreuses dans nos étroites cabines que nous succombions. Mais une fois en famille la peine se change en plaisir ; on se repose, on jouit d'autant plus qu'on a plus souffert. Le temps est superbe : c'est le mois de mai à Lyon et de juillet à Boulogne. Le 30 décembre, nous avons dîné en plein air, à l'abri des rayons d'un brillant soleil, entourées d'orangers chargés de fruits, en face d'une mer d'un bleu superbe que bornent les Monts du Liban, couverts de neige. De tous les côtés, la vue est magnifique.

Après quatre années de fondation, Nazareth avait là un pensionnat composé d'enfants de toutes les nations et où l'on parlait toutes les langues. C'étaient des Syriennes, des Françaises, des Espagnoles, des Italiennes, des Anglaises, des Autrichiennes, « Il n'y manque que des Allemandes, écrit la révérende Mère, et nous nous en passons fort bien. Comme on aime la France dans ce beau pays et comme la religion catholique et la France sont étroitement unies dans la pensée des indigènes ! Ah ! si nous étions vraiment bons, quelle influence nous pourrions exercer ! Que la foi nous revienne et nous garderons notre place. »

La fondation d'un pensionnat et d'une école étant une œuvre essentiellement catholique et française, la Mère Générale se décida à faire quelques démarches pour obtenir des secours. « Priez pour que je réussisse, écrivait-elle, je vous le demande instamment. Si vous saviez comme il est triste de voir plus de huit cents jeunes filles, la plupart catholiques, entre les mains des protestants ! La Société de Saint Vincent de Paul lutte de tout son pouvoir contre l'envahissement de l'erreur ; nous avons déjà gagné quelque chose, notre pensionnat a plus de cinquante enfants et notre école gratuite en compte cent vingt, toutes bien intéressantes. »

La révérende Mère n'eut pas de repos que cette importante affaire ne fût terminée. Mais combien de temps et que de démarches il lui fallut ! par quelles alternatives elle devait passer encore !

La visite de Nazareth de Galilée fit trêve pour quelques moments à ses préoccupations obsédantes et l'inonda des plus douces consolations. La lettre suivante jettera un rayon de lumière sereine sur ces pages, comme la vue des Saints Lieux transfigura pendant quelques jours l'âme privilégiée dont nous racontons les joies et les épreuves.

Nazareth, le 10 février 1873.

« Me voici donc dans la plus chère de nos missions. Vous dirai-je que j'y suis bien, que mon cœur s'y repose ? Vous n'en sauriez douter,

J'ai entendu la sainte messe et communié à la grotte de l'Incarnation, j'ai visité l'atelier de Saint Joseph et d'autres pieux sanctuaires : partout vous avez été l'objet de mes vœux et de mon particulier souvenir... Le temps marche, me voici à la cinquième station de mon pèlerinage. »

La révérende Mère, après avoir passé trois semaines à Beyrouth où elle devait revenir, avait visité successivement Caïffa, Saint Jean d'Acre et Cheffa-Amar. « Demain, à 4 heures du matin, nous prendrons le chemin de Jérusalem, la Ville sainte par excellence ; nous traverserons comme la Sainte Vierge, les montagnes de la Galilée et de la Judée. Vraiment je suis trop heureuse de fouler cette terre bénie ; je n'ai pas mérité un tel bonheur... Que rendrai-je au Seigneur !... C'est le cri de mon âme ! »

Commencée à Nazareth, cette lettre se continue à Jérusalem le 16 février.

« Depuis que nous nous sommes mises en route, nous avons mené la vie des anciens patriarches, allant de colline en colline, de vallée en vallée, prenant nos repas en plein air. Heureusement, nos tentes sont toutes dressées et, grâce aux bons soins des Pères Franciscains et du Patriarcat, nous trouvons une bonne hospitalité à chaque station. En trois jours nous sommes arrivées à Jérusalem. Mon cheval ayant pris les devants, j'ai pu prier vingt minutes en face de la ville sainte, jusqu'à ce que mes compagnes de voyage m'aient rejointe, puis nous avons fait silencieusement notre entrée dans ces rues dont les pierres sont éloquentes... Que de mystères !... que d'émotions ! Ici, là, partout, tout parle, tout arrache des larmes. C'est la ville sainte mais aussi la ville désolée : l'histoire de la Passion se continue, c'est un drame toujours vivant.

« Au Calvaire, on voudrait prier et pleurer... les schismatiques vous étourdissent de leurs cris tumultueux. Au Saint Sépulcre se presse une foule si nombreuse que c'est à peine si nous pouvons nous approcher... Au Cénacle, quelle profanation ! Un Turc nous ouvre la porte : on dirait une ruine abandonnée ; les murs sont dégradés, les dalles recouvertes par les immondices... la tristesse remplit le cœur. C'est bien ici que s'accomplit le plus grand des mystères. ... Ah ! si les chrétiens possédaient ce trésor !

« A la Flagellation et au Couronnement d'épines au moins, nul ne nous dispute la place ; nous pouvons y prier en silence... non loin de là, l'ancienne maison de Pilate, le prétoire, l'*Ecce Homo* ! les Dames de Sion qui gardent religieusement ce lieu vénéré, nous ayant donné l'hospitalité, nous avons la consolation de venir nous y agenouiller souvent ; c'est l'entrée de la voie douloureuse. L'Église du couvent renferme deux stations : tout est gardé avec tant de soin que nous bénissons la Providence qui a fait découvrir ces précieux sanctuaires en creusant les fondations.

« Nous revenons de Béthléem... Là tout respire le calme, le recueillement. La grotte nous a été ouverte et, pendant plus d'une heure, nous sommes restées en silence à la place de la Nativité, Puis nous avons visité les tombeaux de Saint Jérôme et des Saintes Paule et Eustochie, l'endroit où l'ange apparut en songe à Joseph, la grotte où la Sainte Vierge nourrit le divin Enfant, celle où travailla Saint Jérôme, les tombeaux des Saints Innocents, la magnifique église élevée par Sainte Hélène que les Grecs schismatiques nous disputent : tout est palpitant d'intérêt.

« Les Pères Franciscains nous ont donné une bonne hospitalité. Le lendemain, après avoir entendu la sainte messe et communié à la grotte, nous avons pris le chemin de Saint Jean. Il faut faire un grand détour, doubler le temps pour aller à Jérusalem. Mais comment laisser de côté le sanctuaire de la Visitation, la maison de Sainte Elisabeth, où naquit le plus grand des enfants des hommes ?

Le dimanche de grand matin, nous nous rendons au saint Sépulcre, espérant avoir la messe au Calvaire mais, hélas ! les schismatiques ont tout envahi ! Nous prions quelque temps au milieu des cris, des gémissements, des allées et venues d'une foule nombreuse puis nous redescendons dans la partie où les Pères font leur cérémonie. C'est là, selon la tradition, que Notre Seigneur apparut à sa sainte Mère. Nous y entendons la messe puis, pour la troisième fois, nous visitons tous les sanctuaires de cette église qui ressemble à une synagogue. Quand donc pourrons-nous nous recueillir au Calvaire ? Toutes les personnes que j'interroge me répondent « : Impossible ! »

« Le 17. — Ce matin nous avons eu le bonheur d'assister au Saint Sacrifice dans la grotte de Gethsémani. Nous étions seules avec une bonne religieuse de Sion. Tout est pauvre dans cette humble grotte mais on n'y voudrait rien de plus. Ce rocher, témoin de l'agonie du Sauveur, n'est-il pas tout ? Il me semble que ce sanctuaire aurait pour vous un attrait particulier. « Après notre action de grâces, nous avons parcouru le jardin des Oliviers. Le bon Frère qui le garde m'a donné des trésors : du bois et des fleurs.

« Puis nous avons fait notre *ascension* sur la sainte montagne. La mosquée était ouverte pour des pèlerins russes. Après leur départ, nous avons collé nos lèvres sur l'empreinte sacrée... mais les gardiens attendent, on ne peut que passer dans cette pieuse enceinte... encore une fois le cœur se serre.

« A quelques pas est une chapelle élevée par la princesse de la Tour d'Auvergne dans l'endroit où, suivant la tradition, Notre-Seigneur enseigna le Pater à ses Apôtres. La divine prière est tracée en beaux caractères en trente langues différentes. Le temps nous menace plus que jamais. Demain nous devons quitter Jérusalem... Comment faire ?

Cheffa-Amar, 28 février.

« Il faut terminer cette lettre et me hâter de vous l'envoyer. Les pluies qui m'ont précédée et accompagnée à mon retour ont mis l'empreinte de la mortification sur mon pèlerinage.

Maintenant je suis heureuse de me reposer un peu dans la vie de communauté. Le repos est une bonne chose, mais me voilà destinée à en goûter fort peu, ce qui contrarie ma nature paresseuse. Heureusement que je garde au fond de l'âme une grande confiance et que je suis habituellement dans une disposition d'abandon à la Providence. »

Le séjour à Jérusalem avait été forcément limité, la révérende Mère étant appelée à Cheffa-Amar pour la retraite de cinq probanistes admises à faire leur profession le 19 mars. C'est après avoir présidé ces pieux exercices et reçu les vœux des nouvelles Epouses de Notre-Seigneur qu'elle quitta la Galilée et reprit le chemin de Beyrouth.

A cause de la fête de Pâques, elle eût bien voulu attendre le 17 avril pour s'embarquer.

« C'est assez, disait-elle, d'avoir passé Noël sur mer, je ne veux pas m'exposer à y soupirer l'Alleluia. » Mais la raison l'emporta sur le *sensible* de la piété et elle partit pendant la semaine de la Passion.

Cette première visite de la Mère Générale laissa partout une profonde impression de paix et de charité. On la sentait pénétrée de l'esprit de Dieu, entièrement dégagée d'elle-même, uniquement occupée du bien général et particulier. Elle était si simple dans ses manières, dans son accueil, dans sa conversation, qu'on pouvait tout lui dire, sans crainte de se heurter à des préventions ou à des préjugés. Elle ne cherchait que la vérité et, dans la vérité, la lumière et la paix. Sa grande délicatesse sur le chapitre de la charité ne souffrait pas que des communications relatives au prochain pussent nuire à la réputation de qui que ce fût. Si on lui parlait de faits blâmables, d'abus regrettables, elle écoutait en réservant son jugement et faisait ressortir les qualités réelles des personnes, attribuant les fautes à la pauvre nature humaine, sans se montrer jamais défavorablement impressionnée. Son scrupule était plus grand encore si on lui donnait à soupçonner une opposition à sa personne ou à son autorité. Elle souriait avec bonté en disant : « Laissons tomber, laissons passer. »

Il semble qu'elle ait tracé son propre portrait sous ce rapport quand elle représentait « une bonne supérieure comme une vraie mère pour toutes ses filles, s'efforçant de gagner leurs cœurs, non pour sa satisfaction personnelle mais pour leur bien, sans se montrer jalouse d'une confiance qu'elle doit chercher à attirer mais qu'elle ne peut exiger. »

La Mère Générale recommandait sous toutes ses formes l'humble et filiale obéissance, faisant ressortir non seulement le bien qui en résulte pour les œuvres que chaque religieuse dirige ou pour le travail auquel elle est employée, mais surtout les avantages réels qu'y trouve l'âme fidèle et la bénédiction que Dieu attache à tout ce qui est fait dans un esprit de dégagement et d'humble dépendance.

Dans les affaires d'administration, la révérende Mère tint à s'en rapporter aux règlements tracés par les supérieures générales qui l'avaient précédée, se bornant, pour cette première visite à insister fortement sur les grands principes qui font la base de l'esprit de Nazareth : obéissance,

charité, simplicité. Elle recommande particulièrement de donner à cette simplicité le cachet de
la pauvreté, de la modération dans les désirs
autant pour soi que pour les œuvres dont on est
chargé.

La pratique de la pauvreté qui embrasse la
vie commune, lui semblait être la principale
mortification d'une vraie religieuse de Nazareth ;
elle y voyait aussi un devoir de justice dans les
circonstances où la Société se trouvait alors.
Il s'agissait de pourvoir aux nécessités pressantes
des missions de Galilée, très éprouvées par suite
de la guerre franco-allemande et de faire face
aux frais considérables qu'exigeait l'achèvement
de la maison de Beyrouth.

Elle s'appliqua enfin à faire comprendre aux
religieuses placées là par la sainte obéissance,
qu'elles devaient redouter plus qu'ailleurs l'envahissement de l'esprit mondain ; elle les exhorta
vivement à inspirer aux enfants et même aux
parents, le goût des choses sérieuses et solides,
en témoignant une préférence marquée pour les
ouvrages utiles sur tout ce qui est de pur agré
ment ; en faisant estimer l'ordre, les vertus domestiques, plus que la science et les talents.

« Joignons l'exemple au conseil, disait-elle,
et empressons-nous dans l'occasion de nous
appliquer aux offices les plus humbles, suivant
les recommandations de la Règle ; nous attirerons

ainsi les bénédictions divines sur cette fondation qui, à si juste titre, nous inspire à toutes le plus grand intérêt. »

Toujours préoccupée du bien des âmes et en particulier des pauvres enfants pour lesquelles la mission de Galilée avait été établie, la Mère Générale remarqua avec peine que les écoles de Nazareth, de Caïffa et de Saint Jean d'Acre n'avaient pas un nombre d'élèves proportionné à la population. Elle dirigea l'attention des supérieures vers ce but principal, rappelant qu'il y avait obligation de conscience de répondre aux intentions des bienfaiteurs de la mission. Non contentes de se reposer sur la directrice de l'école, les supérieures devaient visiter fréquemment les classes, les réunions pieuses, connaître chacune des enfants et chaque congréganiste, femme ou jeune fille. Puis elle établit un conseil de la Mission dont les réunions devaient, trois ou quatre fois l'année, grouper les Supérieures de Galilée, en vue du plus grand bien commun des œuvres.

Au moment de quitter l'Orient, la Mère Vignon résumait ainsi ses impressions sur le pays qu'elle venait de visiter :

« Hélas ! comme toutes les choses de ce monde, elles sont mélangées, tour à tour consolantes ou tristes. Pauvre humanité déchue !... On sent ici plus qu'en Europe le poids de sa misère, rien ne fait illusion. Le roi de la création porte gravement et majestueusement les haillons qui recouvrent sa nudité. Il semble impassible... et il vit toujours en querelles. Ah ! que l'*Unité* est une bonne chose! Que de divisions! que de sectes! que de rites!»

Le voyage de retour commença par une vive contrariété. En arrivant sur le bateau, escortée d'un cawas du consulat, la révérende Mère se vit installer avec sa compagne dans une cabine de première classe, honneur fait à sa dignité de supérieure générale, mais absolument contraire à ses idées de simplicité religieuse et de pauvreté. Elle demanda une cabine de seconde que le commandant refusa, alléguant les ordres reçus. Elle insista, mais en vain : il fallut céder. « Demain, dit-elle résolument, je ferai ma réclamation et ma demande au consul de Jaffa. » Le lendemain, à l'aube, le commandant très courtois, se présenta à la porte de la cabine : « Madame, êtes-vous prête ? Nous sommes à Jaffa ; on détache un canot pour vous conduire à terre. » Il était impossible de songer à descendre, la mer était démontée et la pauvre voyageuse très malade. « Madame, dit le commandant, si vous pouvez écrire un mot, on le portera. » « Je vais écrire, répond-elle, mais elle essaie en vain. S'adressant à sa compagne : « Si vous pouvez tenir la plume, je dicterai. » La compagne était plus malade encore !

Une femme auteur, qui a raconté ses voyages, remarque que le mal de mer développe les pires côtés du caractère avec une incroyable rapidité et elle avoue en avoir fait l'humiliante expérience. La révérende Mère montra au contraire dans cette circonstance le beau côté de sa nature et une maîtrise d'elle-même d'autant plus admirable que le sentiment religieux seul l'inspirait.

— « Madame, votre lettre est-elle prête ? » venaient tour à tour lui demander le Commandant et de bons amis, passagers comme elle. A force de courage, elle réussit à écrire sa demande et, deux heures plus tard, la permission de changer de cabine lui était apportée.

Le bateau s'arrêta à Alexandrie le dimanche des Rameaux. Les deux religieuses, restées à jeun, se firent conduire à l'église où elles assistèrent à une messe qui dura plus de trois heures. De là, elles se rendirent chez les sœurs de Saint Vincent de Paul où la Mère Vignon apprit la mort subite d'une de ses premières élèves du pensionnat de Boulogne, Mlle Joséphine Mariette, fille du célèbre égyptologue. L'émotion que lui causa cette nouvelle, jointe à la fatigue des premiers jours du voyage, l'obligea à accepter les bons soins des sœurs malgré son désir de retourner sur le bateau. Elle apprit là aussi que Mme la Comtesse Dietrischtein, cousine de l'empereur d'Autriche et maîtresse d'une grande fortune qu'elle répandait en bonnes œuvres, était alors à Alexandrie. Cette pieuse dame avait déjà aidé à la construction de la maison de Beyrouth, par sympathie pour les œuvres et les religieuses françaises. La Mère générale désirait se présenter devant cette ancienne bienfaitrice et, tout en lui exprimant sa reconnaissance pour le passé, elle espérait en obtenir un secours déjà promis. La Comtesse, se tenant en garde contre les sollicitations qui l'accablaient, s'était établie dans une retraite qu'une consigne sévère empêchait de franchir.

Dans le but d'obliger la Mère Vignon, les sœurs ménagèrent une rencontre. La Mère Générale crut pouvoir parler librement de l'embarras où elle se trouvait pour achever la construction. « Je le savais bien, répondit Mme Dietrischtein avec une brusque franchise, il ne pouvait en être autrement ; vous avez jeté à 14 mètres de profondeur les fondations d'un grand paravent. » Le mot était cinglant mais trop vrai, hélas ! Il fallait, ou bâtir sur un sable mouvant, ou creuser jusque-là pour trouver le roc.

La rencontre n'eut pas d'autre résultat que de faire dire une fois de plus à la pauvre Mère : « Mon Dieu, que votre volonté soit faite ! » On était en semaine sainte et la pensée des souffrances de Notre-Seigneur lui faisait accepter sa croix.

Les derniers jours de navigation furent plus

pénibles encore que les premiers. Le bateau avait été signalé longtemps avant de pouvoir aborder à Marseille. Pendant ce temps, on s'inquiétait à Oullins dans l'attente anxieuse d'une dépêche qui annoncerait l'arrivée au port. La bonne Mère Trebuchet répétait à chaque nouvelle déception : « Ayons confiance ! le bon Dieu ne nous a pas donné une Révérende Mère si bien faite pour Nazareth, pour nous la reprendre si vite ! »

Enfin, le 19 avril, la Mère générale revenait à la maison mère mais pour prendre bientôt le chemin du Nord. Tout en préparant ses visites, elle s'occupa activement de la rédaction d'une lettre aux pensionnaires de Boulogne, destinée à être publiée dans les « Écoles d'Orient », qui n'avaient plus donné de rapports sur les œuvres de Nazareth depuis les premières années de la fondation. Un travail du même genre parut dans les « Missions catholiques » et fut traduit en anglais, dans le but de faire connaître la nécessité d'opposer l'influence de l'éducation catholique aux efforts de la propagande protestante.

Le 14 mai, la révérende Mère était à Boulogne, le 26 à Montléan. Au mois de juin, prenant la mère Helot pour compagne, elle revint aux Moulineaux et, de là, les deux Mères passèrent en Angleterre, où de bons et chauds amis leur avaient préparé les voies et les reçurent avec bonheur.

« Je suis encore bien éloignée, lisons-nous dans une lettre du 12 juillet, datée de Londres. Je vous fêterai ici, dans l'église des Carmes, délicieuse chapelle où tout porte au recueillement. Tout y est grand sujet d'édification. Si rien ne vient modifier mes impressions, j'emporterai un très bon souvenir des Anglais. Nous visitons les grandes familles catholiques. Je trouve assez étrange ma présence dans ces salons plus que somptueux. Heureusement ils ne m'éblouissent pas et ce n'est pas l'attrait de la nature qui m'y amène. Par goût, j'aimerais beaucoup mieux rester tranquille dans mon petit coin. Que la volonté de Dieu soit faite ! »

Ce séjour à Londres est raconté dans l'histoire de la mère Helot que la Mère Générale se plut à mettre partout en avant, prétextant sa connaissance plus complète et surtout plus ancienne des missions de Nazareth et de leurs besoins. Il est juste de nommer ici les deux auxiliaires les plus ardentes de la Mère Vignon, Miss Charlotte Stewart, fille de Mrs Cashel Hoey, femme de lettres distinguée, et Miss Margaret de Lisle, de la famille très catholique des Clifford et dont la sœur avait épousé Lord Howard. Ces deux anciennes élèves de Boulogne mirent leur intelligence et leur zèle au service des vénérées voyageuses, pour créer un comité de Dames catholiques en faveur de la mission.

Comme elle nous l'a dit, la Mère Vignon se trouvait dépaysée au milieu du monde et elle aspirait au retour dans sa chère solitude. La charge qu'elle occupait devait souvent l'en tirer et lui imposer chaque fois un nouveau sacrifice. Jamais elle ne prit goût aux voyages ; elle ne put même s'y habituer. Mais dans la suite, devant les fatigues, les peines, les souffrances inhérentes à sa position, elle finit par se dire :

« Puisqu'il faut que quelqu'un en supporte le poids... autant moi qu'une autre ! »

« Mes nombreux voyages, écrivait-elle plus tard, à une de ses anciennes enfants, me redisent que la vie est un passage, à quoi Saint Grégoire de Nazianze ajoute que nous ne repassons pas deux fois par le même chemin... donc, pas d'inquiétude sur le plus ou moins d'agrément... Nous cheminons, regardons le ciel.

« Je n'ai aucun attrait pour le changement et ne soupire qu'après ma propre transformation. Voyez comme le bon Dieu s'entend à nous donner l'occasion de mériter. Combien de personnes voudraient traverser les mers à ma place et faire le grand pèlerinage ! »

Il en est un cependant qui, pour plusieurs motifs, s'imposait à la révérende Mère : c'était celui de Rome. Elle le désirait ardemment mais auparavant il lui fallait se reposer un peu à la maison-mère. On n'avait guère joui de sa présence pendant cette première année, passée, comme elle le disait elle-même, sur les mers et les grands chemins. Elle aimait à se retrouver dans l'intimité et la simplicité de la vie commune. Les vacances y étaient plus favorables qu'aucun autre temps et sa fête, qui revenait le 25 août, mettait en verve pour chanter les joies de la famille religieuse. Puis c'était la retraite annuelle où la bonne Mère se donnait entièrement à ses filles.

Sans jamais forcer la confiance, elle savait ouvrir les cœurs les moins portés à l'épanchement. Sa candeur d'âme, son intelligence, sa bonté, son dégagement d'elle-même donnaient une impression de sécurité à celles qui se plaçaient sous sa conduite. Car, laissant à toutes une grande liberté, elle encourageait et facilitait les rapports avec d'anciennes Mères, à qui on devait reconnaissance et confiance.

Avec les âmes droites, elle était à l'aise, mais elle redoutait les biais les plus imperceptibles.

Elle suivait, sans chercher à la devancer, l'action de la grâce et laissait à l'inspiration d'en haut l'initiative d'actes de générosité que la règle ne demande pas.

« Vous avez cru devoir faire ce sacrifice, ma fille, disait-elle un jour, c'est bien, mais vous ne devez pas, dans un cas semblable, l'imposer à une autre. » Et cependant on sentait auprès d'elle qu'il n'y a pas de vertu solide sans le renoncement et l'abnégation.

Très ferme dans la répression, elle était pleine de bonté aussitôt après la correction ; on ne pouvait voir en elle que la Mère vraiment soucieuse du progrès de ses filles.

Elle demandait souvent non seulement si on était bien convaincu de sa misère mais si on l'aimait : « C'est là l'humilité de cœur, » disait-elle; après une faute, comme après un insuccès, elle faisait répéter : « Oh ! qu'il m'est bon d'avoir été humiliée ! » Si on souffrait de son impuissance à connaître suffisamment ses fautes et à les réparer, elle ranimait la confiance ! « Il faut bien laisser quelque chose à faire à la miséricorde du bon Dieu ! »

Aussi pouvait-on tout lui dire : elle ne paraissait jamais étonnée d'une faiblesse mais comprenait, compatissait et relevait celle qui se reconnaissait coupable, par une parole comme celle-ci : « O cher aveu de mes infirmités, que vous consolez mon âme désolée de sa chute ! »

Quant aux plaintes sur les déceptions, les mécomptes, les échecs, elle y répondait en rappelant que la vie de Nazareth consiste à « se dépenser joyeusement sous le regard de Dieu dans le silence et le recueillement. » Et elle insistait sur ce mot : *joyeusement.* « Pas de retours sur soi, pas de comparaison avec les autres, disait-elle. Si j'étais comme telle de mes sœurs, si j'avais sa santé... ses talents, sa vertu... Non ! se dépenser, ce n'est pas donner ce qu'ont les autres, c'est donner ce que l'on a. Si vous n'avez que votre cœur et votre bonne volonté, donnez votre cœur, c'est un trésor que la maladie ne peut vous enlever ; vous pouvez toujours l'offrir, mais joyeusement. Vous demande-t-on la réussite ? Non. Pourquoi donc tant de nuages ? C'est que nous ne sommes pas, comme dit la règle, *sous le regard de Dieu.* »

Cette direction était vigoureuse, énergique ; elle mettait dans le vrai.

En sortant du parloir, une jeune religieuse racontait à la Mère Générale, avec une certaine satisfaction personnelle, comment, dans une légère discussion avec sa sœur, elle avait pris les intérêts de Nazareth : « Est-ce que vous croyez l'avoir édifiée ? » demanda simplement la bonne Mère. Cette parole et le regard qui l'accompagnait firent une grande impression. En tout et partout on retrouvait la même modération, inspirée par la foi et par la charité.

Lorsqu'elle était à Oullins, la révérende Mère se réservait les cours d'instruction religieuse au noviciat. Elle avait un don remarquable pour l'enseignement du catéchisme. Outre l'élévation et la netteté de sa pensée qui mettait en pleine lumière les plus hautes vérités, sa conviction ardente pénétrait les âmes. Quand elle parlait des sacrements, de l'Église, on sentait en elle un respect si sincère, une telle estime, une telle reconnaissance, qu'on était vite persuadé n'avoir pas encore compris l'excellence de ces dons surnaturels et, en les présentant sous un jour tout nouveau, elle leur donnait un attrait qui chassait bien loin la routine.

Cet enseignement était aussi pour elle une occasion d'étudier le caractère, l'esprit de ses novices ; bien vite elle découvrait un défaut de jugement, un manque habituel de réflexion et le poursuivait impitoyablement quoique toujours avec une maternelle délicatesse.

Une novice, se promenant un jour au jardin avec la Mère Générale, lui confia certaines peines et difficultés intérieures qu'elle prenait pour des infidélités à sa vocation : « Tenez, mon enfant, lui répondit la bonne Mère, il ne faut pas faire plus de cas de ces tourments d'imagination que de ceci. » Et, cueillant ce qu'on appelle vulgairement une « chandelle », elle souffla dessus, laissant la novice tout étonnée et rassérénée.

Quand il s'agissait de sauvegarder une vraie vocation, la Mère Vignon très prudente pourtant, avait de saintes hardiesses : « Rendez Notre-Seigneur responsable de tout ce qui s'en suivra et venez ! » écrivit-elle à une ancienne enfant qui se débattait au milieu des difficultés augmentées par sa tendresse de cœur.

Pendant une récréation, elle appela auprès d'elle une jeune sœur converse qui venait de faire ses vœux et sur le front de laquelle se voyait un nuage de tristesse. Elle lui dit à l'oreille une seule parole et rendit le calme à cette âme tentée.

Elle aimait à entendre ses anciennes enfants, devenues religieuses, lui raconter leurs petites peines : « Oh ! disait-elle simplement, vous avez donc passé par là. » On devinait qu'elle y avait passé elle-même, on était consolée et encouragée.

Cependant un jour, une jeune religieuse lui ouvrit son cœur, sans que la bonne Mère, très compatissante, pût lui indiquer un remède. « Revenez à 6 heures », dit-elle. A l'heure dite, la pauvre enfant revint. La Mère était là et, devant elle, le livre de la Sainte Ecriture dont elle avait marqué certains passages. C'était la réponse d'en haut, apportant la force et la paix.

Quand une supérieure ou une officière lui demandait conseil, elle voulait, le plus souvent, qu'on se donnât la peine de chercher soi-même le moyen de se tirer d'embarras. « C'est vrai, disait-elle, il y a là un déficit mais il doit y avoir

un remède. Cherchez-le et, quand vous croirez
l'avoir trouvé, venez me le proposer. » C'était
une manière de développer les initiatives et de
laisser leur responsabilité aux personnes qu'elle
avait mises en charge. Elle prêtait toute son
attention aux idées des autres, prenant volontiers
leur avis et le mettant souvent au-dessus du
sien d'après ce principe qu'il faut se servir de
tout pour réussir à la plus grande gloire de Dieu
et ne faire fi de personne. Ce n'était chez elle ni
ignorance des affaires, ni faiblesse de volonté,
mais le fait de sa droiture et de son humilité.
La facilité avec laquelle elle renonçait à sa manière de voir quand celle d'une autre lui paraissait
meilleure ne nuisait en rien au respect qu'inspiraient sa dignité si simple et son ascendant tout
surnaturel : elle représentait l'autorité dans sa
grandeur et sa bonté .

« Comment, disait-elle, oserions-nous mépriser
une de nos sœurs qui a été choisie comme nous
par le bon Maître ? Prenons ce qui vient d'elle
tout simplement, en nous réjouissant de ce
qu'elle a mieux compris, mieux saisi les choses
que nous. C'est élémentaire, cela ! Et puis,
sachons utiliser les autres comme le bon Dieu
nous utilise, lui qui connaît si bien notre inca-
pacité ! Pourtant, il se sert de nous, comme si
nous méritions la confiance qu'il nous accorde...
Mes filles, soyons humbles ! »

Si le temps des vacances favorisait les communications plus fréquentes avec la Supérieure Générale, il ne laissait guère de repos à la bonne Mère; les états de maison lui causaient des appréhensions et des inquiétudes dont on ne se doutait pas. Il lui en coûta toujours d'imposer certains changements de résidence ou d'emploi. Elle comprenait la parole d'un Père provincial des Jésuites : « On n'aligne pas des hommes comme des chiffres. » Aussi y mettait-elle toute la délicatesse de son cœur et faisait-elle valoir le mérite du sacrifice relevé par l'esprit de foi et d'amour.

A cette époque, elle était préoccupée de la Mère de Vaux qui, depuis un an, se reposait à Caïffa. Comparant sa débordante activité d'autrefois et sa situation actuelle, elle éprouvait pour cette ancienne Mère une sympathie profonde.

« Il semble, disait-elle, que certaines âmes doivent être absolument accablées de travaux et de soucis ou sentir le poids écrasant de l'isolement et de l'inaction. Tout s'explique par la pensée que notre pauvre nature doit mourir chaque jour et vraiment le grand Maître n'oublie pas son ouvrage. »

Et elle recommandait aux supérieures de la mission de l'entourer d'égards et de lui procurer tous les soins que réclamait sa santé affaiblie. Elle désirait qu'on s'ingéniât pour lui trouver une occupation intéressante et utile car il était impossible de lui donner à ce moment la responsabilité d'une charge.

« Priez le Saint-Esprit, écrivait-elle, afin qu'il m'inspire ce que je dois faire poursa consolation».

Tandis que la révérende Mère ne songeait qu'à soutenir, encourager et consoler les autres, ses chagrins de famille pesaient sur elle de plus en plus douloureusement. Elle y fait une de ses rares allusions dans une lettre du 25 octobre.

« Que je voudrais pouvoir quitter Lyon où je ne suis pas à l'aise, vous savez pourquoi. Ce n'est pas que j'aie eu extérieurement aucun désagrément à ce sujet mais la position est fausse. Je ne puis que me répéter : *Dieu l'a voulu.* Cette pensée est tout mon refuge et toute ma force. Par moments, j'ai la tentation d'aller à Rome présenter ma difficulté à notre Cardinal Protecteur puis je crains que ce ne soit une lâcheté, un manque de foi et d'humilité. Il vaut mieux attendre que la Providence dessine les évènements, ne m'a-t-elle pas toujours conduite ?

« A part ce genre de peine intime, je suis loin d'avoir à me plaindre : il règne une bonne union dans no communautés ; nos pensionnats vont bien, le noviciat se remonte et tout doucement je vois diminuer les soucis occasionnés par la fondation de Beyrouth. Il est juste que la croix se fasse toujours sentir sur un point ou sur un autre.»

CHAPITRE V

1873-1878

Dans les premiers jours de décembre 1873, la révérende Mère Vignon partit pour Rome avec la Mère Helot. Des difficultés d'ordre administratif faisaient vivement désirer l'approbation des Constitutions tandis que la bienveillance du Cardinal Barnabo, préfet de la Propagande, encourageait un recours filial au Saint Père en faveur des missions de Syrie.

« Mon voyage a duré juste quinze jours, écrit la Mère Vignon, j'en suis revenue satisfaite pour les affaires que nous avions à traiter mais bien attristée par les ravages de tous genres que fait la terrible révolution dans la ville sainte. Nous avons eu une bonne audience du Saint Père dont j'ai admiré la douce sérénité. »

Cette première vision du Vicaire de Jésus-Christ avait tellement ému la révérende Mère qu'aussitôt à ses pieds, elle fondit en larmes et ne put d'abord prendre la parole. La Mère Helot, déjà connue de Pie IX, dut présenter la Mère Générale et sa Congrégation aux bénédictions du vénéré Pontife.

Ce court séjour ne fut que le prélude d'un autre voyage aux mois de juin et juillet suivants :

« Il est bien vrai, écrivait la révérende Mère après son retour, que le Seigneur a béni ces démarches et nous a fait triompher de difficultés réelles dont je me rends compte de plus en plus. Il était temps d'avoir cette précieuse approbation. Vraiment je ne me serais jamais crue aussi ardente à conserver l'indépendance de la Société. Il est probable que si je n'avais pas rencontré un semblable antagonisme, ce désir ne se serait pas éveillé en moi avec tant de force, mais vous comprenez le besoin que j'ai de prières, car enfin l'amour-propre se met facilement de la partie et il reste toujours vrai que « les petits seuls entreront dans le royaume des cieux. »

« Avec l'approbation de nos Constitutions, nous sollicitions du Saint Père un secours assez important pour notre établissement de Beyrouth, mais nous avons dû quitter Rome sans emporter une réponse définitive : j'ai reçu, il y a quelques jours, la nouvelle que la faveur est accordée. C'est un nouveau sujet d'actions de grâces à rendre à Dieu d'abord, puis à notre bien-aimé et vénéré Pontife dont le cœur s'incline vers

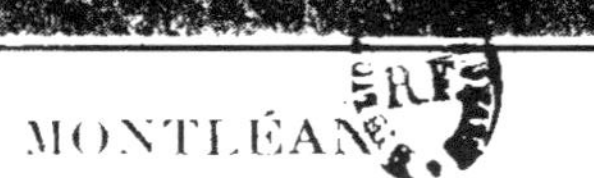

MONTLÉANE.

les plus humbles de ses enfants. Nous avons eu une occasion particulière de ressentir les effets de sa franche et noble générosité. »

La direction d'une probation retint la Mère Vignon à Oullins depuis le voyage de Rome jusqu'au commencement de juin 1875. Pendant qu'elle se dévouait à la préparation des futures Professes, son âme était en proie à d'intimes souffrances :

« Plus je vais, écrit-elle en confidence, plus je souffre et plus la souffrance me pèse. J'ai peu de moments de relâche ; aux embarras extérieurs qui ne seraient rien pour une autre, viennent se joindre des troubles de conscience que je n'ai jamais éprouvés : non des scrupules, mais la vue de tant de misères, que je suis épouvantée de sentir notre petite Société si tristement dirigée. »

C'est ainsi que la pauvre Mère se jugeait dans la sincérité et l'humilité de son cœur ; Dieu le permettait pour augmenter ses mérites et pour se réserver toute la gloire du bien qu'elle faisait, plus encore par ses exemples que par ses pa oles. Tandis qu'elle s'accusait avec tant de rigueu , la Mère Helot, bon juge et juge très impartial, disait en parlant d'elle : « Le gouvernement de la Société est en bonnes mains : nous avous en notre Révérende Mère Vignon une âme de foi, entièrement livrée à la conduite de Dieu. »

Elle se montre bien telle dans une lettre du 29 décembre 1874 : « Saluer avec vous la nouvelle année, c'est bien, sans illusion, recevoir d'avance, avec reconnaissance et humble soumission, tout ce qu'il plaira à la bonne Providence de nous envoyer pour notre vrai bien : contradictions, épreuves, souffrances de toutes sortes, mélangées de qelques consolations pour soutenir le courage, Je ne puis entrevoir autre chose pour les vrais serviteurs de Dieu parmi lesquels j'ai le bonheur de vous rencontrer et parmi lesquels aussi j'ai la prétention de me glissser, tout en sentant profondément le poids de mes misères. Je ne demande donc, pour vous comme pour moi, que la fidélité aux grâces qui nous sont préparées.

« Dans le détail quand le sacrifice se présentera je demanderai sans doute d'en être délivrée mais, au moins, en général, j'accepte pleinement toute la conduite de Dieu sur moi et sur tous ceux qui me sont chers. Si la croix est plus pesante encore que dans les années précédentes, nous en conclurons que la récompense sera plus grande. »

« Priez afin que mes visites portent leur fruit. C'est toujours chose grave ; ensuite, il me faudra songer aux changements. Je ne veux pas me plaindre... tout le monde souffre et il est de toute justice que les supérieures soient aux prises avec les embarras. Elles ont la grande consolation de sentir qu'elles ne sont que des instruments dans la main de Dieu. »

Le 12 juillet elle arrivait à Montléan, « douce solitude, écrit-elle, humble berceau de la Société, que j'aime de toute mon âme et ne voudrais point quitter. On y respire une atmosphère qui convient si bien à la vie de Nazareth ! Si vous saviez combien ma vie errante me pèse ! Par moments j'en éprouve un profond dégoût... j'ai tort de dire profond, car je ne permets pas à ce sentiment de pénétrer trop avant, puisque les voyages sont devenus mon *devoir*. »

. . . .

Au mois d'octobre 1875, la révérende Mère se prépare de nouveau au voyage de Syrie :

« Je ne vous dis pas, écrit-elle au moment de s'éloigner, ce que la nature appréhenderait si je la laissais s'effaroucher... »

Le Seigneur dédommagea la bonne Mère par les consolations que lui procura la communauté de Beyrouth, où elle reçut, le 8 décembre, la profession de douze religieuses.

« Lorsque je suis sur la terre ferme, écrit-elle quelques jours après la grande fête, j'ai honte d'avoir eu si peu de courage et je me promets de tenir ma volonté plus sereine au milieu des soulèvements de mon cœur. Il faut bien acheter un peu la consolation de voir, dans la paix et la charité, cette chère partie de ma famille religieuse travailler sous le regard de Dieu, à la régénération morale des pauvres femmes de l'Orient. Jusqu'à présent, je suis contente de tout ce que je vois dans la petite communauté de Beyrouth ; il y règne une sainte union et une grande ferveur ; on dirait que la distance qui sépare de la patrie a resserré davantage tous les membres entre eux. »

Aussi en voyant se terminer encore une année, la révérende Mère accueille avec un joyeux abandon celle que la divine Volonté lui prépare et elle bénit Dieu de tant de biens déjà reçus.

« Que de grâces dans le passé, écrit-elle, que d'espérances *surnaturelles* pour l'avenir ! A mesure que les forces physiques diminuent et que le désenchantement de tout ce qui est humain se fait plus sentir, le cœur s'établit fortement dans la région supérieure de la foi. J'ose à peine m'exprimer ainsi. Comment se fait-il que, reconnaissant si promptement la main de Dieu dans tous les évènements, je sois ainsi ballottée par tous les souffles de la terre ? C'est un continuel sujet d'humiliation qui ne détruit pas ma confiance. »

Il faut pénétrer dans sa correspondance la plus intime pour connaître réellement cette âme à la fois si forte et si tendre, si sensible et si courageuse. Ce qui frappe alors c'est l'humilité qui forme, avec l'esprit de foi, le fond de toute sa spiritualité.

Le séjour de la révérende Mère au Nazareth de Galilée fut attristé par l'annonce très inattendue de la mort de son ancienne élève de Boulogne, Miss Charlotte Stewart. Elle en parle elle-même à son amie, Mlle Charbelet, dans une lettre du 21 janvier 1876 :

« Triste anniversaire, ma chère Joséphine, mais nous sommes en deuil l'une et l'autre, vous de votre bon père, moi d'une ancienne et très chère enfant dont l'âme se trouvait intimement unie à la mienne. Je l'avais laissée pleine de santé sur la route de Rome où elle allait recevoir la bénédiction du Saint Père. Au retour, une fièvre typhoïde l'a emportée en quelques jours. Heureusement elle était prête à paraître devant Dieu car au pensionnat et depuis sa sortie, sa vie était un continuel apostolat. Protestante convertie, elle n'a cessé de ramener des brebis au vrai bercail qu'en cessant de vivre.

« Pardonnez-moi ces détails, ma bonne Joséphine, je suis sous l'impression d'une peine profonde. Le sentiment qui me liait à Miss Stewart est le même qui me ramène près de vous. C'est une précieuse chose que l'amitié : je remercie le Saint-Esprit de l'avoir chantée. »

« C'est une fille très aimante et très aimée

que Dieu m'enlève », lisons-nous dans une autre lettre, « au moment où elle devait assurer la prospérité et la durée de notre œuvre anglaise dont elle était l'âme. Puisse la main qui crucifie purifier et sanctifier en même temps ! Je ne sais si je m'abuse ! il me semble que je suis destinée à vivre longtemps et, par conséquent à pleurer des amis... Que la divine Volonté soit faite ! »

Cet acte de soumission revient si souvent sur ses lèvres et sous sa plume qu'il paraît le cri naturel de son cœur. Aussi ne s'absorbe-t-elle pas dans sa douleur : elle entremêle sa correspondance des réflexions et des détails qui doivent intéresser :

« Me voici donc à Nazareth, au vrai Nazareth. Que de fois j'ai rappelé votre désir de m'accompagner dans ce pélerinage ! Si jamais vous y pensez sérieusement, je vous préviendrai des inconvénients du voyage, des fatigues, des privations nombreuses ; je ferai tomber vos illusions afin que vous n'ayez pas à m'adresser de reproches. Mais je crois bien que déjà vous avez une juste idée du genre de jouissances que donnent les Saints Lieux. Si on nous ouvrait la porte du Paradis terrestre avec l'assurance que c'est bien là que s'est passé le premier fameux drame de notre histoire, nous trouverions un certain charme à contempler cette terre couverte d'épines et nous aimerions mieux nous ensanglanter les mains et les pieds que de ne pas fouler ce sol. Or, tout est souvenirs, ici. Le présent étonne, attriste au premier regard. Il y a tant d'ignorance et de cupidité dans le clergé indigène ! Les schismatiques et les protestants dominent par la richesse de leurs établissements, cependant on leur dispute le terrain pied à pied. La Terre Sainte est, depuis quelques années surtout, un vrai champ de bataille. Il semble que toutes les nations et toutes les sectes du christianisme s'y soient donné rendez-vous. Espérons que la vérité finira par être triomphante. C'est déjà un hommage rendu à la divinité de Notre-Seigneur que cet empressement, je dirai cet acharnement, à se disputer tout ce qui rappelle son passage au milieu de nous. Quand n'y aura-t-il qu'un troupeau et qu'un pasteur ? »

On avait insisté pour que la Mère Vignon prît de préférence, toutes les fois que ce serait possible, la voie de mer comme étant plus courte et moins fatigante. Elle y consentit malgré ses répugnances. « Les rades de Caïffa et de Jaffa, écrivait-elle, sont si mauvaises, que je risque de n'être pas prise à bord ou de me voir emportée à Pord-Saïd. Je ne pense pas que, sous aucun ciel, on soit obligé de vivre d'abandon à la Providence comme ici. Les indigènes y sont tellement habitués, qu'ils paraissent indifférents aux évènements de la vie, excepté quand la question d'intérêt ou de culte est en jeu ; alors leur animation va jusqu'à l'emportement. Mais il ne faut pas leur demander la délicatesse de sentiment dans leurs relations de famille ou d'amitié ; c'est chose très rare et leurs marques extérieures de désolation à la mort d'un parent, cris, pleurs, vêtements en désordre, ne semblent et ne sont réellement que des grimaces qui rappellent les joueurs de flûte congédiés par Notre-Seigneur lorsqu'il ressuscita la jeune fille.

« Si vous voulez voir la Palestine avec sa forme antique, hâtez-vous. Déjà, sur certains points la multitude des étrangers lui a fait perdre cette couleur locale si intéressante, où se réfléchit comme dans un pâle miroir, toute notre histoire sacrée. »

La Mère Vignon rencontra de nouveaux sujets de peine, presque à chaque station de son voyage mais, comme à Beyrouth, la consolation se trouva à côté de l'épreuve.

« Le mélange ne cesse pas, écrit-elle, je ne suis pas assez forte pour marcher toujours parmi les épines et le bon Dieu m'aime trop pour ne me faire cueillir que des fleurs. Je suis *lasse* à en perdre courage et je ne cesse de prêcher l'énergie de la volonté. »

Et combien efficacement elle la prêchait ! Il eût été difficile de deviner sa souffrance en la voyant si pleine d'entrain, si maternellement attentive à ce qui touchait ses filles.

En abordant à Beyrouth au commencement de mars 1876, la Mère générale apprit la triste composition de la Chambre française : « Nous nous efforcions de croire à l'exagération, écrit-elle en annonçant son retour en France, mais il n'est que trop vrai, nous marchons à un abîme. Je ne sais pourquoi cette perspective m'attriste sans m'épouvanter. La révolution ne fera que passer chez nous, j'en ai l'intime confiance et la religion sortira victorieuse. »

Hélas ! la pauvre Mère se faisait illusion. Elle devait, pendant trente ans encore, assister à l'effondrement successif de tout ce que le pays avait de plus sacré et, après avoir été brisée par les expulsions, mourir frappée au cœur par la loi de séparation. Dieu lui réservait pour le ciel la joie du triomphe de la religion sur une France régénérée par l'épreuve et par l'héroïsme de ses vrais enfants.

A son retour d'Orient, pendant un voyage à Paris avec la Mère Helot, la révérende Mère, vivement pressée de différents côtés, consentit à écrire la Vie des Fondatrices de Nazareth. On en avait souvent parlé en communauté mais jamais d'une manière sérieuse et décisive. Lorsqu'aux instances des Mères assistantes, se joignirent celles de vrais amis de la Société, elle ne crut pas pouvoir refuser. Il fallait profiter d'une année relativement tranquille et surtout des souvenirs personnels très vivants de la vénérée Mère Helot.

« C'est un travail qui me prend beaucoup de temps, écrivait la révérende Mère, parce que je n'ai jamais rien fait de semblable, que je lis fort peu et ne puis m'inspirer de quelques bons modèles. Il m'absorbe d'autant plus que je suis pressée d'en voir la fin. Je crois bien que jusqu'à mon dernier soupir j'aurai à combattre l'activité naturelle : c'est un défaut qu'on avoue volontiers et sans grand mérite. Cependant tout ce qui met obstacle au règne de Dieu est toujours un grand mal. »

On voit avec quelle délicatesse la Mère Vignon se reprochait les moindres imperfections, puisqu'elle voyait une infidélité à la grâce dans son empressement à terminer un travail que ses filles attendaient impatiemment et qui, il faut bien le dire, s'alliait peu avec ses occupations.

Mais d'autre part, combien furent fructueuses, pour elle-même et pour la Société qu'elle dirigeait, cette recherche des premiers souvenirs de Nazareth et la connaissance intime des belles âmes qui avaient été choisies pour l'établir à son humble place dans l'Église de Dieu !

L'histoire de Mme de Dondeauville fut entreprise la première : c'était la plus facile à écrire.

La révérende Mère en donne la raison dans la préface de la vie de la Mère Rollat.

« Par sa position et dans les temps bouleversés où elle a vécu, la vertueuse Duchesse a joué un rôle important sur lequel sa vertu a vainement voulu jeter le voile. Son âme fortement trempée a pu supporter l'éclat des grandeurs sans en être ébranlée. Cette longue période présente donc des épisodes en eux-mêmes pleins d'intérêt.

« La vie de Mme Rollat, au contraire, ne contient aucun fait extérieur un peu saillant ; elle s'écoule très simple, sans évènements remarquables ; aussi le regard curieux, avide de scènes émouvantes, les chercherait-il inutilement dans ces quelques pages. »

La première de ces biographies parut au mois de septembre 1877. Malgré sa remarquable simplicité de style, ce livre est écrit avec un grand charme littéraire.

« Peu de vies sont aussi fécondes en enseignements, écrivit Mgr Mermillod à l'auteur : c'est la vie d'une grande chrétienne dont la sainte et laborieuse existence est digne des plus beaux jours du christianisme. Il semble que Dieu l'ait fait grandir pour servir de prédication vivante à la fin du XVIIIe siècle qui s'effondrait dans les ruines et dans le sang et qu'il l'ait préparée pour être une des premières à travailler à la renaissance du christianisme dans la société du XIXe siècle.

« Pendant qu'on suit les progrès de Mme de Dondeauville dans la vertu, on est charmé de côtoyer avec elle tant de saints personnages. Tout cela est plutôt entrevu qu'aperçu car vous avez le bon goût de ne pas vous arrêter au côté extérieur ; sitôt que vous avez dessiné le cadre de cette longue existence, vous nous ramenez à votre héroïne qui, du reste, s'éloigne toujours des grandeurs et ne cherche que l'obscurité.

« Les pages où vous retracez la part que la pieuse duchesse prit à l'œuvre de Nazareth sont pleines d'intérêt parce que vous nous y montrez combien sont merveilleuses les voies de la Providence dans la conduite des âmes et dans la naissance des congrégations religieuses.

« Puisque les saints sont la lumière du monde, j'aime à espérer que cette vie éclairera bien des âmes. Les jeunes filles y apprendront à devenir pieuses, patientes et détachées d'elles-mêmes. Les mères y rencontreront des leçons pour supporter leurs épreuves, former l'âme de leurs enfants et remplir avec perfection chacun de leurs devoirs. A tous, ce livre présentera, selon le beau mot de Mgr Gerbet « quelques-unes de ces vérités fortes et consolantes que la foi fait descendre du sein de toute gloire pure. »

Tel était le but de l'auteur, aussi dédia-t-elle cette œuvre : Aux enfants de Marie de Nazareth :

« Puissiez-vous, mes chères enfants, disait-elle dans sa dédicace, puissiez-vous, en lisant ce livre, vous affermir dans la résolution d'être à votre tour parfaitement fidèles à la mission que Dieu vous a confiée! Puissiez-vous comprendre l'importance de cette mission ! Votre influence sera grande si, comme la Duchesse de Dondeauville, vous n'avez à cœur que la noble ambition de faire le bien dans la sphère où la Providence vous a placées ; si, vous élevant au-dessus des séductions de la vanité et des futiles plaisirs, vous savez mettre votre bonheur à faire le bonheur des autres.

« Je sais, chères enfants, que le mot de dévouement résonne agréablement à vos oreilles. Vous voulez être généreuses : n'oubliez jamais que notre nature est essentiellement égoïste et que, pour avoir le courage de sortir de vous-même tous les jours, il faut savoir puiser à la source de la divine charité. »

Oullins, 3 mai 1877.

« Après avoir lu cette admirable biographie, écrivait un Père de la Compagnie de Jésus dans les Etudes religieuses d'octobre 1877, « on comprend et l'on sent combien il y a loin du roman le plus intéressant à l'histoire des saints. Le

spectacle ravissant des vertus qu'ils ont prati-
quées, le récit de leurs belles actions, élèvent les
âmes et nous transportent jusque dans les ré-
gions sublimes qu'elles ont habitées. De leurs
exemples s'échappe comme une vertu secrète
qui s'insinue suavement dans les cœurs, y dépose
un germe de vie et de sainteté et leur fait aimer
tout ce qu'il y a de pur, de saint, d'honnête, de
grand, de généreux.

« Mais je ne sais pas si, parmi les vies de ces
âmes privilégiées de Dieu, il en est de plus apte
à produire ces heureux effets que celle de Mme
de Dondeauville. Il y a dans sa vertu quelque
chose de si grand et de si simple tout à la fois, de
si distingué et de si naturel, de si gracieux et de si
fort, de si délicat et de si généreux, qu'on l'aime
autant qu'on l'admire. Chez elle, la naissance,
la fortune, les dons extérieurs, les qualités du
cœur, tout est mis au service d'une intelligence
supérieure et d'une volonté parfaitement soumise
à la grâce ; et ce qui couronne tous ces avantages,
c'est la constance invincible, la fermeté persévérante avec lesquelles Mme de Dondeauville
traversa toutes les phases d'une existence si
singulièrement accidentée et si cruellement éprouvée. De sorte que l'admiration que font naître
les débuts de l'enfant se soutient et ne fait que
grandir jusqu'aux derniers rayonnements de
cette lumière qui s'éteint à 85 ans seulement.

« *Qui trouvera une femme forte ?* demande le Sage (1). On est tenté de répondre : Nous l'avons trouvée. Oui, voilà bien la femme chrétienne modèle ; modèle de la jeune fille, modèle de l'épouse, modèle de la maîtresse de maison, modèle de la mère, modèle de la sainte aïeule, modèle, j'ose le dire, de l'âme religieuse elle-même, car elle en pratique les vertus autant que le comportait sa condition. Dans sa longue carrière, Mme de Dondeauville réalisa constamment l'idéal poursuivi par la Congrégation qu'elle a puissamment contribué à fonder. On voit en elle la femme parfaite, la femme telle que la grâce de Dieu sait la faire. »

Tous les esprits sérieux ont partagé cette opinion. Les supérieures de Congrégations étrangères à Nazareth ont apprécié ce livre et l'ont recommandé à leurs anciennes élèves. Dans beaucoup de retraites de jeunes filles et de femmes du monde, il est proposé comme un des plus riches en instructions et en exemples.

Pendant que la révérende Mère se donnait à ce travail si attrayant pour son esprit et pour son cœur, de graves préoccupations lui venaient d'Orient. Trois mois s'étaient à peine écoulés depuis son retour que des bruits de guerre

____

(1) Prov. xxxi.

surexcitaient les populations et menaçaient la sécurité des chrétiens, toujours les premières victimes en cas de soulèvements.

« J'ai reçu des nouvelles bien alarmantes pour Beyrouth surtout, écrivait-elle le 13 juillet 1876. Aujourd'hui le courrier m'apporte l'assurance que tout est tranquille momentanément. A mon avis, la solution de cette crise n'est que différée mais c'est sans doute une bonne chose de gagner du temps ; seulement, je ne vois pas d'issue en regardant du côté de la terre. Plus que jamais nos appuis sont au ciel et je garde la confiance que le catholicisme reprendra sa place en Orient. »

« Quant à l'avenir, écrit-elle un mois plus tard, c'est de tous côtés qu'il est impossible de le prévoir. On ferme les yeux et on attend les décisions de la Providence. Nous savons qu'elle ne trompe pas et qu'elle ne *se* trompe pas..... Nous pourrions bien avoir notre *fuite en Egypte* mais il faut compter que l'heure du retour viendra... »

Réalisant ces prévisions, la guerre éclatait au mois d'avril entre la Russie et la Turquie.

« Je ne sais ce que vont devenir nos maisons, écrit la révérende Mère le 1er mai. Aucune mesure n'est prise pour secourir les pauvres chrétiens ; cependant nous ne pouvons nous disperser. J'ai là bien des sujets d'alarmes mais pas encore la responsabilité d'une grave décision car, à la distance où je suis, je ne puis que conseiller une prudence raisonnable et courageuse en même temps. »

Les chrétiens et les établissements religieux qu'aucun gouvernement ne défendait se préparaient à se défendre eux-mêmes. Les femmes et les enfants devaient se réfugier dans les couvents dont les hommes, armés de toutes façons, protègeraient les murailles. Bien des jours et des nuits se passèrent dans l'inquiétude et sous le coup de soudaines alertes.

Enfin, une frégate française mouilla dans le port de Beyrouth, non pour prendre part à la guerre mais pour recevoir nos nationaux et les soustraire à la fureur des Turcs, vainqueurs ou vaincus.

Un soir, le danger parut si imminent, que la supérieure fut obligée de donner à chaque religieuse des instructions précises en cas d'attaque, les plus fortes devaient porter les plus jeunes enfants jusqu'au bas des échelles disposées sous les fenêtres des dortoirs et toutes prendraient la route du port, où des barques les conduiraient à la frégate.

Malgré la surexcitation qui régnait au dehors, communauté et pensionnat reposèrent tranquillement. Le calme se fit peu à peu mais seulement pour un temps car la guerre des Balkans n'étai pas terminée et tenait en effervescence les Turcs d'Asie comme ceux d'Europe.

Cet état de choses n'empêcha pas la supérieure de la maison de Beyrouth d'assister au Chapitre de 1877. Elle put consoler et rassurer la Mère Générale et les autres Mères en leur racontant les traits de courage et de constance des chrétiens et chrétiennes de la mission. Les évènements avaient encore ajouté aux motifs sérieux qui s'imposaient déjà en faveur du rétablissement de l'orphelinat de Nazareth dans les conditions où il se trouvait avant la guerre de 1870.

Le manque de ressources locales, l'absence de tout secours venant du dehors avaient contraint les supérieures à restreindre le nombre des enfants. Mais les massacres, dont la seule crainte de la guerre était le prétexte, et les suites redoutables d'un conflit s'il venait à éclater, firent décider le relèvement d'une œuvre si chère à la Société.

La révérende Mère tenait à examiner elle-même sur place ce qui pourrait et devrait se faire, aussi annonça-t-elle son prochain voyage en Syrie.

Le 14 octobre, elle n'attendait pour fixer son départ que le résultat des élections de la Chambre. Elle s'occupa à revoir les dernières épreuves de la Vie de la Révérende Mère Rollat puisque ce délai lui permettait de les faire corriger sous ses yeux.

Elle fait ainsi part à M. Guillermard du succès de son premier livre :

« C'est bien avec des yeux de père que vous avez si vite lu la vie de la Duchesse ! Je vous suis bien reconnaissante de me conserver un si bon sentiment. Les félicitations m'arrivent un peu de tous les côtés et jusqu'à présent on ne se plaint que de la brièveté. Quelques personnes regrettent que je n'aie pas ouvert un peu plus l'horizon politique et social mais je ne m'en repens pas. Je n'avais aucun document pour présenter les choses sous un jour nouveau et faire jouer un rôle à notre sainte héroïne. Quant à répéter ce que tant d'autres ont dit, je n'y vois aucun avantage.

« Enfin le grand argument, c'est que ce qui sort d'un couvent doit avoir une autre touche que ce qui sort de la plume d'un écrivain. »

Toutes ses affaires terminées, la Mère générale partit pour l'Orient. Pendant son absence, le R. P. Gautrelet fit paraître son bel article sur la Vie de la Révérende Mère Rollat. Il y disait :

« L'immolation, tel est au fond le premier et le dernier mot de cette vie dont les âmes intérieures seules comprendront parfaitement et goûteront l'héroïsme. Mme Rollat avait tout ce qu'il faut pour plaire aux hommes et le monde, à certaine époque de la vie, ne lui déplaisait pas trop. Mais Dieu avait mis la main sur ce cœur aussi généreux et fort qu'il était tendre et pur : la grâce fut victorieuse et le premier pas dans la voie de l'immolation fut fait avec une plénitude de volonté qui présageait bien d'autres triomphes.

« Forte par la foi et par l'amour, le sacrifice en elle revêtait des charmes infinis et ses souffrances étaient comme embaumées dans une gaîté et une amabilité qui ne lui manquèrent jamais. »

Plusieurs des traits que le Père Gautrelet relève se retrouveront dans la Mère qui a si bien réussi à les peindre. On ne fera sans doute que les entrevoir sous notre plume, inhabile à rendre ce que nous avons vu, senti et admiré à mesure que les années et les évènements achevaient, dans l'âme de la Mère Vignon, l'œuvre divine de destruction et d'immolation.

La révérende Mère arriva à Beyrouth le 13 novembre et, le 16, elle partit pour la Galilée. Les populations s'y montraient encore affolées, car les craintes de massacre n'étaient pas dissipées et, de plus, la petite vérole, l'épouvantable vérole noire, sévissait à Nazareth, à Caïffa, à Saint Jean d'Acre. On était sur le qui-vive mais on continuait à ouvrir le dispensaire et à recevoir les enfants aux écoles.

« On parle, écrivait alors la révérende Mère, de faire après Noël une levée de 150.000 chrétiens. C'est une nouveauté effrayante sous plus d'un rapport car les Turcs veulent un mélange que les chrétiens repoussent avec raison, craignant d'être massacrés à l'heure de la défaite. Nous voilà donc plus que jamais menacés du côté de la terre : il faut bien se préparer à la mort, et compter sur le secours d'en haut pour échapper aux autres dangers. »

Au moment où la bonne Mère écrivait ces lignes et ranimait par sa présence le courage de ses filles, les Turcs étaient défaits dans les Balkans (10 décembre 1877), Osman Pacha et ses 40.000 soldats mourants de faim et prisonniers, et le sultan se préparait à demander la paix. Les chrétientés d'Asie-Mineure en étaient quittes pour la peur.

Cependant les troubles d'Orient avaient influé sur les communications avec l'Europe et, un mois après son arrivée, la Mère générale n'avait encore rien reçu de la France :

« Du fond de la Galilée, écrivait-elle le 3 décembre, je vous adresse mes vœux en passant le plus généreusement possible sur l'impression douloureuse que me fait éprouver l'absence complète de nouvelles. C'est long, c'est bien long ! aussi je me dis que, si je dois un jour me fixer ici, je tâcherai de me persuader que je suis morte, non pas aux souvenirs du cœur mais à tous les mouvements de la terre.

« C'est mal à moi de gémir après avoir accepté d'avance cette pénible privation ; la partie supérieure est soumise mais le *sensible* m'excuse en me disant que *je suis mère.* »

Pendant le mois qu'elle consacra à la mission de Nazareth si chère à son cœur, la Mère Générale s'occupa tout particulièrement de la réorganisation de l'orphelinat. Elle expliqua sa raison d'être, indiqua le but à atteindre et les moyens à prendre pour y réussir :

« C'est réellement pour les soustraire à l'influence protestante que nous recevons des enfants ou des jeunes filles internes ; c'est aussi pour délivrer quelques-unes des mauvais traitements d'une belle-mère ou les arracher à d'autres dangers ; mais nous ne pouvons nous dissimuler que la tâche est difficile et qu'il faut un grand tact et beaucoup de prudence pour ne pas nous tromper dans *le bien* que nous nous proposons.

« Il s'agit d'instruire ces enfants de la religion, de les former au travail et à la vertu, de leur apprendre cette intelligence pratique du devoir qui donne toujours une réelle supériorité, sans perdre de vue le milieu où elles doivent rentrer et en prenant bien garde de ne pas les déclasser.

« La plupart sont destinées à se marier ; si quelques-unes sont appelées à la vie religieuse, elles devront être sœurs converses chez nous ou dans d'autres communautés ; enfin il est à désirer que celles qui ne voudraient ou ne trouveraient pas à s'établir aient une ressource dans leur travail et soient mises en mesure de gagner leur vie.

« Mais ce troisième parti sera toujours le plus rare, aussi ne devons-nous pas viser à préparer des ouvrières *perfectionnées dans un genre* comme on le fait en France, mais plutôt des femmes propres à tous les travaux domestiques : couture, blanchissage, repassage, ordre de la maison, etc...

« En vue de l'avenir de ces enfants, nous devons éviter deux écueils contraires : 1° une règlementation absolue, semblable à celle de nos pensionnats, où il n'est pas possible de retirer une élève du mouvement général pour la former aux soins du ménage; 2° le tiraillement, le désordre, les conflits qui se produiraient nécessairement si chacune pouvait, sous prétexte de formation, disposer à son gré des orphelines.

« En faisant contracter à ces enfants des habitudes d'ordre et de propreté, prenons bien garde de les conserver dans la simplicité et de ne pas les rendre exigeantes et difficiles plus tard. »

La Mère Générale décida enfin qu'à moins de motifs graves on n'accepterait pas d'orphelines au-dessous de sept à huit ans ni au-dessus de seize ans. Et que, lorsque des propositions seraient faites, on ne céderait pas à un simple mouvement d'intérêt ou de compassion, mais on considérerait : 1° le bien général de l'orphelinat ;

2º certaines convenances de position ; 3º l'avenir probable de l'enfant.

Outre ces mesures générales, la révérende Mère laissa des prescriptions positives touchant la surveillance, la direction morale, les études et travaux des orphelines. On y sent, avec un ardent désir du bien de leurs âmes, l'intelligence de leurs besoins, même temporels.

La visite de la Galilée se termina le 25 février. Après un court passage à Jérusalem, la révérende Mère revint à Beyrouth. La grande construction étant terminée et le pensionnat plus nombreux, il avait fallu augmenter aussi le nombre des religieuses. Il n'était plus possible de procurer à chacune un retour en France, jugé jusque-là indispensable à la conservation des santés. Il parut nécessaire d'établir pour le temps des vacances une petite résidence dans le Liban. On choisit Aïn-Macherah, sur la route de Damas à 1.000 mètres d'altitude. La petite maison qui s'y trouvait devait être agrandie au fur et à mesure des besoins. La révérende Mère était tout heureuse de penser que ses filles trouveraient là un véritable repos pendant les grandes chaleurs, après les fatigues de l'année scolaire.

Cette villégiature, qui reçut le nom significatif de Béthanie, fut installée et joyeusement inaugurée pendant les vacances qui suivirent la visite.

Comme dernière recommandation la bonne Mère avait laissé ces paroles à la communauté beyrouthine : « Une fois les difficultés constatées, cherchons le moyen de les vaincre et de soutenir notre courage. Animons-nous par ces pensées de foi : Notre-Seigneur aime ces âmes. Il m'a confié une mission. Moins je trouve de consolation dans mon travail, plus je Le glorifie et lui prouve mon amour. »

Rentrée en France à la fin de mars, la révérende Mère fut aussitôt saisie par plusieurs propositions de fondations. Elle s'arrêta à peine à Oullins et partit pour Paris avec la Mère Helot afin d'examiner le projet le plus sérieux. Les Mères furent admirablement reçues et aidées dans leurs démarches par la vénérable Mlle Lelièvre. La Mère Helot, à son retour, ne tarissait pas sur le compte des saintes amies que Nazareth avait trouvées à Paris. Mais, malgré le paternel accueil de Mgr Richard, certaines conditions obligèrent finalement à reculer.

Pendant l'été de 1878, un autre projet fut présenté à la Société. Quelques anciennes élèves de Montléan et de Boulogne établies à Reims. demandèrent avec instances qu'une maison de Nazareth fût ouverte dans leur ville. Dix ans plus tôt, le même désir avait été exprimé à la révérende Mère de Vaux mais la fondation de Beyrouth avait empêché d'y répondre.

En quelques jours la question fut tranchée du côté de la Mère générale et de son conseil et tout semblait même conclu avec l'archevêché lorsque, le 6 septembre, une suite d'incidents et de malentendus remit l'affaire en délibération. La Mère Vignon, retenue à Oullins par une grande retraite et pressée de sortir d'incertitude, envoya la Mère Helot à Reims. Grâce à la ténacité de cette vénérée Mère, jointe à sa respectueuse déférence pour l'autorité et à cet esprit de foi qui transporte les montagnes, l'affaire fut conclue le jour de la fête des Saints Anges Gardiens. Les religieuses désignées arrivèrent aussitôt et la Mère Helot, sur le désir de Mgr Langénieux, resta avec le titre de supérieure.

« La question de Reims, écrivait la révérende Mère le 9 novembre, a été à la fois brûlante et traînante : ce n'est qu'après l'ouverture des classes — dans les autres pensionnats — que nous avons obtenu une solution affirmative de l'Archevêché. C'est donc une année scolaire à peu près perdue car les formalités civiles sont à peine terminées. Mais je crois que, ces entraves une fois levées, nous pourrons doucement, sans bruit, recevoir des enfants. La croix n'a pas manqué à cette fondation, c'est notre meilleure garantie pour l'avenir. »

Terminons ce chapitre où la vie de la Mère Vignon nous a paru si active par quelques lignes confidentielles au sujet de sa retraite. Ces notes deviennent de plus en plus rares : on aime à les saisir dans la sincérité et l'humilité qui en sont la marque distinctive.

« Vous m'aiderez à me plonger dans l'élément surnaturel, avait-elle écrit avant de commencer les Saints Exercices. Le reste n'est rien, je le sens vivement et cependant quelle influence *ce qui passe* exerce sur ma vie ! »

Le mois suivant elle rend ainsi compte de son état : « J'ai fait ma retraite plus suavement qu'à l'ordinaire, c'est-à-dire sans une de ces fortes secousses intérieures qui ressemblent assez aux tempêtes de certaines saisons. Le dégoût aurait voulu prendre la place de ces orages mais le dégoût ne vaut rien ou, du moins, je sais par expérience qu'il faut chercher à en sortir bien vite en se jetant dans le Cœur de Notre-Seigneur. Quand y serons-nous tout à fait ? Il me semble que ma retraite a donné un peu plus de ressort à ma volonté, c'est l'essentiel, car personne ne peut moins que moi s'appuyer sur la ferveur sensible.

« Oui, mon Père, je veux, suivant votre agréable conseil, avoir toujours confiance au pilote qui dirige la barque de Nazareth et s'il lui plaît de faire encore quelque manœuvre par le moyen de ce faible roseau auquel il a remis le gouvernail, je crois qu'Il ne trouvera pas de résistance ; le plus difficile serait d'accepter que l'instrument fût brisé devant les hommes avant d'être mis de côté, mais je ne veux pas m'arrêter à ces appréhensions : un acte d'abandon, de foi en la divine Providence, me sauve d'une multitude de craintes souvent chimériques. Il faut que Dieu Lui-même fasse mourir le grain de blé. »

CHAPITRE VI

L'ARTICLE 7 — FONDATION EN ANGLETERRE

RÉÉLECTION

La bienveillante protection du premier pasteur, Mgr Langénieux, était désormais assurée à la fondation de Reims qui attendait l'heure de Dieu pour son plein développement, en dépit des projets de loi sur l'enseignement. Les sectaires voulaient soustraire l'éducation à toute influence religieuse. Pour cela on se préparait à exclure du corps enseignant les Congrégations non autorisées, puis à supprimer ensuite les autorisations accordées.

« Vous suivez avec un vif intérêt, écrivait la Mère Vignon, les tristes débats de nos Chambres. Nous attendons le coup qui menace toutes les Congrégations car il est clair que l'autorisation n'est qu'un jeu pour nos persécuteurs. Cependant nous nous mettons en mesure d'avoir le nombre nécessaire de diplômes. etc... »

Il y a quarante ou cinquante ans, les jeunes filles qui recevaient une éducation distinguée bien sérieuse et bien française ne songeaient pas à faire estimer leur degré de culture intellectuelle par des examinateurs. Celles-là seules dont les parents avaient des raisons spéciales, cherchaient à obtenir leur brevet de capacité. Il s'en trouvait donc relativement peu dans la Société en 1879.

Pendant ses visites de maisons, la Mère Générale désigna les jeunes religieuses qui, dès le début des vacances, devaient se mettre à préparer leurs examens. Elle s'occupa beaucoup personnellement de celles de la maison-mère, dirigeant elle-même certaines études pour se tenir au courant du travail, l'activer ou le modérer au besoin, rappelant toujours les vues surnaturelles qui donnent aux moindres actions leur vrai prix :

« Attachez-vous au réel, oui, au réel de la vertu. A chaque instant nous sommes tentées de prendre le réel pour l'accessoire et surtout l'accessoire pour le réel. Le réel, c'est ce que Dieu veut de moi. Les agitations intérieures, les tempêtes, les révoltes même, ce n'est rien ! Il faut quand même arriver au but. Le réel de l'obéissance, c'est que ma volonté, mon jugement soient brisés. Le réel de l'humilité, c'est que je me sente dessous, et que je l'aime. Le réel du détachement, c'est que j'accepte d'être oubliée, mise de côté, de sentir le froid au cœur. Je pourrais parcourir avec vous toute la journée : que d'occasions !

« Dieu, dans sa sereine et toute puissante bonté, laisse passer les fluctuations des choses humaines et conduit l'âme *où* Il veut, *par où* Il veut, pour arriver à être servi *comme* Il veut l'être.

« Des milliers d'intelligences les plus droites, les plus éclairées, réunies pour trouver le moyen de sanctifier une âme, ne le trouveraient pas... Dieu seul le peut faire. »

La fête du 31 juillet offrait à la révérende Mère l'occasion de parler d'un de ses saints de prédilection.

« Il me semble, disait-elle, que saint Ignace est, de tous les saints, celui qui a le plus admirablement uni la vie contemplative à la vie active. Son cœur est dévoré par l'amour de Dieu, il savoure toutes les délices de la vie d'union avec Notre-Seigneur, mais en même temps c'est le soldt qui ne recule devant aucune difficulté, qui lutte, qui renverse tous les obstacles pour amener des âmes à son Maître : il n'a qu'un désir, procurer la plus grande gloire de Dieu !

« Cette union de l'action et de la contemplation reproduit la figure adorable de Jésus-Christ et c'est là que doivent tendre tous nos efforts : faire revivre Notre-Seigneur dans nos pensées, dans nos paroles, dans toute notre personne. Tout nous y invite et la fête de Saint Ignace, notre Père et notre second patron, doit nous renouveler dans ce désir. »

Et la bonne Mère commentant la prière qui devait lui être bien familière : « O Verbe de Dieu bien aimé », terminait par ces mots : « Me dépenser sans attendre d'autre récompense que celle de savoir que je fais votre volonté. »

« Ah ! voilà toute la récompense, toute la douceur qu'il faut désirer : je fais la volonté de Dieu, je sais que je la fais. C'est par cette parole qu'il faut répondre aux inquiétudes qui pourraient nous saisir en songeant à l'année prochaine. Que fera-t-on de moi ? Me changera-t-on de maison, d'emploi ? Que changera-t-on autour de moi ? Je n'en sais rien, mais quoi qu'il arrive je ferai la volonté de Dieu, c'est mon repos, ma récompense, elle me suffit. »

Plusieurs propositions de fondations furent faites à la révérende Mère dans les premiers mois de 1880 : l'une au Chili, une autre en Belgique. Elle les laissa de côté, préférant la France aux pays étrangers, non sans quelque arrière-pensée cependant, à cause des temps que l'on traversait.

Le vote du 9 mars, rejetant l'art. 7, avait enlevé aux persécuteurs un moyen légal d'oppression, mais n'étaient-ils pas capables de recourir à des voies illégales plus violentes encore ?

Ealing Park

Le 22, la Mère Générale écrivait : « Qu'arrivera-t-il ? Nous tâchons de le dire avec la sainte Madame Elisabeth qui jouit éternellement *de son anxieuse attente.* Nous sommes fort calmes et très résolues à ne pas nous séparer ; s'il le fallait forcément pour quelques jours, nous chercherions vite à nous reconstituer mais impossible de dresser un plan puisqu'on ne connaît pas l'attaque. J'espère que le bon Dieu nous fera la grâce de Le bénir *en tout temps.* »

Au mois d'août, la révérende Mère se rendit à Boulogne et, de là, à Londres, où elle emmena la Mère de Bellefonds. Accueillies avec bienveillance par Son Eminence le Cardinal Manning, les deux Mères se mirent en peine de trouver une maison, dans le diocèse de Westminster, en vue d'y ouvrir un pensionnat. Elles se décidèrent pour la localité de Hendon, à une petite distance au nord de la capitale, où elles découvrirent, avec le concours d'amis dévoués, une modeste mais gracieuse habitation, entourée de beaux ombrages et de vertes pelouses.

« C'est peu de chose, écrivait la Mère Vignon, un abri en cas d'évènement. J'aurais trouvé beaucoup plus grand comme bâtiment si je n'avais cherché qu'une retraite mais j'avais en vue un pensionnat possible... Il a donc fallu choisir le voisinage de la grande ville. »

Les fondatrices de la maison d'Angleterre

y arrivèrent le 8 septembre et, dès ce jour, le nouveau Nazareth fut confié à la Sainte Vierge « comme son bien et sa propriété. »

Les premières enfants, au nombre de sept, toutes élèves des Moulineaux, formèrent une bonne et joyeuse petite famille. La Mère générale les suivait de loin avec cette tendresse particulière qu'inspire une œuvre naissante dont l'avenir est incertain.

On était en pays étranger, hérétique, possédant déjà un trop grand nombre de maisons religieuses pour la population catholique. Et puis, Nazareth, c'est le silence, la vie cachée ; pour en apprécier les charmes, il faudrait le connaître … qui découvrira ce petit coin de terre ? Et quand on l'aura découvert ne dira-t-on pas comme autrefois : « Que peut-il sortir de bon de là ?...

En cas de complication, la révérende Mère pensait à augmenter le personnel des maisons de Syrie ; mais si la guerre éclatait entre la France et la Turquie ? « Alors, disait-elle, il n'y aurait plus où se réfugier sur la terre ! »

Ce n'était qu'une crainte passagère : son âme était tout à la confiance en Dieu et à l'abandon.

« Malgré tout nous ne sommes pas tristes, écrivait-elle. Chacune de nous se prépare à souffrir la persécution et je n'entends qu'un cri que je comprends bien : Surtout ne nous séparons pas !

« Notre histoire est celle de toutes les communautés, qui ne sont nullement assurées du lendemain. Ce lendemain, on le laisse à la Providence pour ce qu'il est impossible de prévoir ou d'éviter. Le difficile est de savoir quelles mesures de prudence on doit prendre et c'est pour m'obtenir la lumière que je réclame vos bonnes prières. »

Cette confiance, la révérende Mère l'inspirait et la communiquait autour d'elle. A une religieuse qui partait pour l'Orient, elle avait donné un choix de pensées de Saint François de Sales pour chaque jour de la traversée et, sur la première page elle avait écrit elle-même :

« Partez forte ;

« Voguez en paix ;

« Restez confiante ;

« Revenez joyeuse. »

« Le cœur maternel n'oubliera pas la voyageuse.

— Voici bien des sujets de méditation, ma chère fille ; le plus grand de tous, c'est celui que Dieu même écrit *tous les jours* en disposant de nous pour notre véritable avancement. Que de moyens il prend pour nous dégager de tout et de *nous-mêmes* ! Je lis son action sur vous depuis que je vous connais ! Oh ! laissez-Le bien vous conduire. Gardez la confiance, ne raisonnez pas ; aimez et bénissez la Providence *sur votre âme.* »

Après les odieuses expulsions du mois de novembre et celles qui se continuaient ou s'annonçaient encore, l'année 1881 s'ouvrait sous des auspices plus sombres **que** celles qui l'avaient précédée. Mais la Mère Vignon ne voulait pas que des préoccupations d'avenir, même pour leur bien-aimée Société, troublassent le calme et la paix des religieuses. Elle ramène constamment à l'accomplissement du devoir de chaque jour :

« Sans doute, dit-elle à la communauté dans un entretien du 1er janvier, votre première parole ce matin, après avoir dit : « Mon Dieu que votre règne arrive ! a été : « Mon Dieu, que je vous sois *bien fidèle* pendant toute cette année ! que pas une de mes minutes ne soit perdue pour votre service ! Et que faut-il pour cela ? Laisser d'abord ce qui vient de la terre. Une seule chose restera de notre vie : les actes de notre volonté et non pas nos impressions, nos émotions. Les actes … revenons-en aux actes ! actes extérieurs, oui, mais surtout intérieurs, efforts voulus pour laisser ce qui est de la terre.

« Un moyen bien simple indiqué par le B. Père Fourier : « Tout ce que vous avez à faire, faites-le comme l'ouvrage du bon Dieu, donné par Lui, voulu par Lui, dû à Lui seul. Faites-le sans négligence et sans infidélité. » Tout : mon office, ma classe, ma surveillance, c'est l'ouvrage que le bon Dieu demande de moi. Aussi rien ne m'ennuie parce que je L'aime ou plutôt ce qui m'ennuie le plus est ce que j'aime le plus parce que c'est une occasion de montrer plus d'amour.

« Oh ! ne regardons pas les créatures, je vous en prie. Nous sommes les ouvrières du bon Dieu, non de nos sœurs ou de nos supérieures. Nous faisons son ouvrage, rien que son ouvrage ! »

C'est au mois de juin seulement que la révérende Mère put faire sa première visite à la fondation anglaise. Nous lisons dans le récit qui en a été conservé.

« Quoi qu'il en soit de l'avenir, le présent est à nous et notre révérende Mère veut bien donner aux petites fondatrices leur première retraite. Elle fait les exhortations dans sa chambre ce qui ajoute encore au recueillement ».

Sans doute, le souvenir de cette retraite a été conservé comme celui d'un point de départ pour une vie sérieusement chrétienne. Une des anciennes de ce temps, désolée de ne pouvoir retrouver le feuillet où la révérende Mère écrivit de sa propre main, pour chacune de ses petites retraitantes un résumé des conseils qu'elle leur avait donnés, aime à nous citer du moins cette pensée toujours présente à sa mémoire : « Rappelez-vous, mon enfant, que savoir se relever et recommencer toujours c'est avoir tout gagné. »

La révérende Mère entrait au mois d'août dans la dixième année de son généralat. Elle se hâta de faire ses visites de maison pendant l'hiver. Le 8 novembre elle avait pris la route du nord et était de retour à Oullins le 22 décembre.

« S'il plaît à Dieu, écrivait-elle, je ne quitterai plus Oullins jusqu'au mois d'août, époque de ma *fin de bail*. Un moment j'avais craint que le brouillard politique nous empêchât de nous réunir mais il y a *un calme apparent* et j'espère que nous pourrons en profiter ; la nature s'unit à la grâce pour me faire soupirer après ce genre de délivrance. Il y a bien des raisons, même dans l'ordre humain, qui me font appeler pour Nazareth un changement d'administration. Peut-être quelques bonnes religieuses ne s'en aperçoivent pas aujourd'hui et pensent à me renommer. J'ai la confiance que la lumière se fera suffisamment avant la grande séance. Au fond, tout se résume dans un acte d'abandon. Il faut bien en passer par là pour ne pas s'exclure du chemin qui mène au Paradis. »

L'élection de la Mère Vignon avait eu lieu le jour de Sainte Jeanne de Chantal, sa réélection lui fut imposée le 12 août en la fête de Sainte Claire.

Selon les Constitutions de Nazareth, une supérieure générale ne peut, au terme de son décennat être choisie de nouveau que très exceptionnellement et pour des raisons graves, et le résultat d'un tel scrutin ne doit pas être proclamé avant l'approbation du Saint-Siège. A cause des difficultés des temps et prévoyant, pour les Mères venues de Syrie, les inconvénients d'une absence prolongée, le supérieur ecclésiastique consulta le Cardinal Caverot et, à l'insu de la Mère Générale sollicita à l'avance l'approbation de Rome pour le cas où elle serait nécessaire.

Quand la majorité des suffrages se fut réunie sur la Très Révérende Mère Vignon, M. le chanoine Richoud, qui présidait la séance, donna lecture du rescrit approuvant la réélection et l'annonce en fut aussitôt donnée à la communauté et à toute la Société.

Malgré cette brèche aux règles ordinaires, l'élection avait été parfaitement libre, les votantes ignorant la démarche du Cardinal et donnant leur voix suivant la lettre des Constitutions. Le Chapitre continua ses travaux sous la présidence de la révérende Mère qui dirigea et éclaira les discussions avec la grande expérience que ces dix années d'exercice ajoutaient à sa prudence et à sa sagesse.

Le moment était venu de faire quelques mutations importantes. Entr'autres il en coûtait souverainement à la Mère Générale d'enlever à la Mère Trebuchet la mission de maîtresse des novices à laquelle, depuis quinze ans, elle avait donné tout son cœur. Cependant la bonne

Mère elle-même, se sentant vieillir, avouait parfois une certaine lassitude et se croyait incapable de continuer à bien exercer sa charge. Le moment d'un repos relatif semblait venu pour elle.

Afin de ménager une transition entre des occupations aussi absorbantes et une sorte de retraite, la Mère Vignon pria la vénérée Mère de faire à sa place la visite des maisons d'Orient. Elle savait tout le bien que son passage réaliserait dans les missions où elle avait laissé, non seulement parmi les religieuses mais aussi au milieu des populations, la renommée de sa proverbiale bonté.

Tandis que la révérende Mère portait pour ainsi dire ses filles par les encouragements de son affection toute surnaturelle, son âme était en proie à la souffrance.

La correspondance intime à laquelle nous devons de lire dans cette âme généreuse, révèle la profondeur de sa peine sans nous en dire la cause. En offrant ses vœux à M. Guillermard à la fin de décembre 1882, elle le remercie d'attirer toujours sur elle de nouvelles grâces et de nouveaux secours :

« Oh ! comme le besoin s'en fait sentir depuis que le fardeau a été remis sur mes épaules ! Depuis le 12 août, il n'y a guère eu un moment de relâche. Je ne gémis que de ma faiblesse puisque je reste aussi impressionnable qu'au début de ma supériorité et que je me sens toujours aux prises avec quelques craintes humaines, moi qui ne devrais envisager les choses qu'à leur vrai et solide point de vue. »

Ces craintes humaines n'étaient pas des craintes personnelles. Depuis longtemps elle s'était rendue indépendante des jugements, des mécontentements qui ne s'adressaient qu'à elle et, quand elle n'avait pas autre chose à redouter, son amour du devoir et l'intérêt de la vérité lui faisaient tout braver. Mais la responsabilité spirituelle et temporelle de la Société, surtout dans ces temps difficiles, lui causait des angoisses réelles.

« Chacune de nos maisons m'a apporté sa grosse épine pour fêter mon renouvellement, lisons-nous dans la même lettre. C'est tout simple. C'est un signe que le Seigneur adopte de nouveau sa pauvre servante. Et cependant par moments, surtout après l'épreuve terrible que vous connaissez en septembre dernier, j'ai été vivement tentée de croire à une sorte d'abandon. Depuis vos bonnes paroles j'adore la Providence et je m'efforce d'espérer en la miséricorde divine pour moi et pour les miens, malgré tout. Pardonnez-moi de rappeler un si lugubre sujet lorsque tout le monde ne parle que de vœux de bonheur. Je ne puis voir clore cette année sans tressaillir encore douloureusement sous le coup qui m'a frappée et je laisse mon cœur s'ouvrir dans le vôtre. Je sais que la conclusion sera une bonne prière pour votre ancienne fille.

« De mon côté, je prierai pour vous de toute mon âme, heureuse de *payer sans cesse et de devoir toujours.* »

Les affaires qui retenaient la révérende Mère en Europe avaient pour objet non seulement la situation des congrégations religieuses en face du gouvernement mais particulièrement la nécessité d'assurer l'existence des fondations de Reims et de Hendon.

La Mère Vignon avait visité, en novembre 1881, dans les environs de Londres, la propriété connue sous le nom d'Ealing-Park qui lui avait beaucoup plu, mais qu'elle n'était pas alors en mesure d'acquérir. Au mois de juillet suivant elle apprenait, non sans regrets, que le Cardinal Manning avait installé là une œuvre dio-césaine.

Ses regards s'étaient alors portés sur Sevenoaks comme plus accessible aux pensionnaires de France et, quelques mois plus tard, d'autres religieuses en prenaient possession.

« L'impression que m'a fait éprouver cette nouvelle, écrivit la bonne Mère, ressemble au coup que m'avait porté l'achat d'Ealing. De part et d'autre j'ai dû faire un effort et voir là la volonté de Dieu mais, à mesure que la situation se dessine, je ne puis rien regretter, même à ne considérer que la simple raison. »

Une excellente réception du cardinal Manning la décida à poursuivre ses recherches :

« Après bien des épreuves et des tergiversations, écrivait-elle à la supérieure de la maison anglaise, je crois que nous finirons par trouver ce qui nous convient et je suis heureuse de voir la bonté du Cardinal et de son entourage. »

Enfin le 1er janvier 1883, la supérieure était appelée à l'archevêché. Il lui fut facile de comprendre, aux questions posées très nettement par Mgr Manning, qu'il s'agissait de céder Ealing Park à Nazareth. Elle ne se trompait pas ; dans une nouvelle audience, le 19 février, Son Eminence lui disait : « Si vous le voulez Ealing Park est à vous. » Le 10 mars, il lui promettait de la mettre en possession « le jour de Notre Dame. »

La Mère générale reconnut dans cet enchaînement de circonstances la main de la Providence et une protection spéciale de la Sainte Vierge et il fut décidé que la maison serait placée sous le vocable de l'Annonciation.

En l'écrivant à ses filles d'Angleterre, le 20 mars, elle leur disait :

« Que toutes celles qui ont été choisies pour travailler à cette petite fondation retiennent que rien n'est comparable à l'esprit religieux, qu'aucun talent ne peut remplacer les vertus.

l'amour de la vie cachée, l'obéissance, le renoncement à soi-même. »

Le 14 mai, la dernière messe fut célébrée dans la petite chapelle de Hendon ; le 19, on dit la première dans une des salles de la nouvelle maison et le 1er juin, en la fête du Sacré-Cœur, Notre-Seigneur prit possession du grand salon transformé en chapelle. Ce même jour, la révérende Mère faisait, à la maison-mère, la consécration solennelle de la Société au divin Cœur de Jésus et, par son ordre, chaque supérieure prononçait la même offrande.

C'était une heureuse coïncidence pour la petite famille, objet de tant de sollicitudes.

Au même moment, la Mère générale se voyait dans la nécessité de prendre une décision pour la maison de Reims où les pensionnaires commençaient à être nombreuses. A défaut d'une propriété toute plantée possédant un corps de logis, il fallait se résigner à acheter un terrain.

« C'est la Champagne crayeuse, dans toute l'acceptation du mot, » écrivait la mère Vignon et elle ajoutait : « Bâtir, planter en France, à l'heure actuelle, c'est effrayant ! »

Ces préoccupations et celles qu'apportait chaque jour une politique persécutrice, empêchèrent la révérende Mère de projeter même un voyage en Orient qui lui paraissait bien nécessaire. Lorsque la Mère Trebuchet en revint au mois de juin après une absence de six mois, une demande fut adressée à la Sacrée Congrégation des Religieux pour obtenir que cette bonne Mère, assistante générale, pût y faire un plus long séjour comme déléguée de la supérieure générale.

Elle repartit au mois d'octobre avec pleins pouvoirs de la révérende Mère qui avait une absolue confiance dans son expérience et son dévouement. Celle-ci n'en sentait pas moins vivement la séparation d'avec ses filles : leurs peines et leurs difficultés lui étaient sans cesse présentes. Elle ne pouvait se consoler que par le choix de sa remplaçante et par la conviction que la « bonne Mère », comme chacun l'appelait, ferait beaucoup plus de bien qu'elle-même.

Cependant les propositions de fondations arrivaient de différents côtés : Mgr Langénieux engageait à ouvrir un pensionnat à Lourdes ; l'année suivante on demandait Nazareth à Paris, à Rouen, puis en Bretagne. Malgré l'insuccès des démarches faites en 1877 et en 1880, il parut sage de profiter des dispositions bienveillantes de Mgr Richard pour s'occuper des préliminaires d'une fondation à Paris. Quelques terrains furent visités, mais on ne décida rien encore. Le cœur de la révérende Mère était très partagé. Elle désirait vivement rejoindre la Mère Trebuchet en Orient afin de conférer avec elle sur place des intérêts de ses chères missions.

« Je ne sais pas encore, écrivait-elle au mois d'octobre 1884, si j'oserai m'embarquer pour la Syrie au printemps. J'avais la pensée qu'un peu avant les équinoxes *je m'orienterais* et voilà que M. Jules Roche, avec ses beaux projets de confisquer les biens des Congrégations, remet mon voyage en suspens. Je vois aussi avec inquiétude que les catholiques perdent en Belgique le terrain qu'ils avaient gagné. J'en conclus que la pauvre humanité est bien malade et que notre malheureux pays aura bien de la peine à se relever. On dirait que le sceptre de la terre est assuré à Satan et qu'il n'y a plus qu'à lui disputer les âmes une à une. Vous allez me croire tout à fait lancée dans la politique. Je m'en garde bien, mais il y a des questions dont on ne peut se désintéresser. »

Enfin le 15 février, la révérende Mère annonçait son départ :

« Le 25 de ce mois, je m'embarque pour la Syrie. Ce n'est pas que l'horizon soit éclairci : plus que jamais je le vois chargé de gros nuages qui portent la tempête mais nous espérons que l'orage n'éclatera pas avant la fin de mai. Alors je ferai voile pour la France si Dieu me prête vie. »

La Mère Générale partit donc, non sans avoir revu S. E. Mgr le Cardinal Richard qui ne renonçait pas à la fondation de Paris et fit connaître sa préférence entre les emplacements visités. L'affaire fut laissée aux mains de la Mère Helot qui, tout bien examiné, conclut pour la négative.

A la fin de mai, la Mère Vignon rentrait à Oullins avec la Mère Trebuchet.

Il fut alors question de fonder à Bruxelles : la capitale de la Belgique semblait avoir plus de sécurité que celle de la France. Mais la divine Providence qui éveillait ainsi des désirs d'expansion sans les faire aboutir, avait ses desseins : un évènement inattendu manifesta clairement la volonté de Dieu.

CHAPITRE VII

FONDATION DE LA MAISON DE ROME

FIN DU GÉNÉRALAT DE LA MÈRE VIGNON

Son Eminence Mgr Luca, Cardinal Protecteur depuis le 13 novembre 1867, était mort dans le courant de 1884. La Mère générale, désireuse d'obtenir un autre Protecteur, se rendit à Rome au mois de décembre 1885 avec la Mère Noël pour solliciter cette faveur. La Cardinal Parrochi, Vicaire de S. S. Léon XIII, daigna accepter la requête de la petite Société et le Saint Père ayant approuvé, Nazareth trouva dans ce prince de l'Église un véritable Père.

Comme première manifestation de sa sollicitude, le nouveau Protecteur exprima le désir de voir une maison de la Société s'établir à Rome. Il fit valoir la nécessité d'y être représentée au moment de l'approbation définitive des Constitutions et désigna un vaste emplacement situé

NAZARETH — Vue générale

entre le Vatican et le Château Saint Ange, où la municipalité préparait un nouveau quartier.

On y construisait des casernes, un palais de justice et d'autres édifices publics. Le Saint Père voulait y voir au plus tôt une église ou une chapelle dédiée à l'Immaculée-Conception.

La révérende Mère avait pu hésiter devant d'autres propositions ; l'invitation du Cardinal Protecteur semblait un ordre émané du Pape lui-même et la pensée d'élever à Marie Immaculée le premier sanctuaire qui lui ait été consacré à Rome depuis la proclamation du dogme, ajoutait un attrait de filiale dévotion à celui de l'obéissance.

Le conseil fut unanime dans l'acceptation et la reconnaissance, malgré les difficultés de tous genres que soulevait une pareille entreprise.

Dès le 25 décembre, on décidait l'acquisition d'un terrain de 1.400 mètres aux Prati et, à la fin de janvier 1886, l'acte était signé à Lyon devant le consul d'Italie.

« Cette fondation est effrayante humainement, écrivait la révérende Mère. Nous sommes appelées dans un quartier riche, imbu des idées nouvelles. On a tracé de larges rues où les maisons s'élèvent comme par enchantement mais il n'y a pas de place pour le bon Dieu. Pas question d'église sur cette terre où l'on fait revivre les noms de Brutus, Régulus, Germanicus et

Rienzo. Nous ne sommes pas loin de la place Cavour. Vous voyez ce que cela signifie. Nous aurons *notre mission*, c'est ce qui nous décide à accepter. Mais une langue inconnue, des examens difficiles, voilà où nous en sommes. Le Sacré-Cœur nous gardera et Marie Immaculée nous aidera à repousser le serpent moderne. S'il pouvait enfin être écrasé ! »

Malgré la confiance qu'inspirait l'avocat chargé des affaires de la Société à Rome, un voyage de la révérende Mère fut jugé indispensable. Tout le mois d'octobre fut employé à étudier le plan de la construction et à consulter sur place des personnes compétentes.

A son retour en France, la Mère Générale se trouva aux prises avec la persécution fiscale et les exigences de l'Université. Elle apporta à ces démêlés une netteté de vue et une vigueur d'esprit qui étonnaient ceux mêmes à qui elle demandait conseil.

C'est sans doute à ce sujet qu'elle se reprochera plus tard d'avoir gouverné trop humainement. Dans son humilité, elle se comparera à d'autres dont elle admirait l'abandon à la Providence, mais en manqua-t-elle jamais ? Ses angoisses qui venaient de son dévouement à la Société et du sentiment très vif de sa responsabilité, n'ont fait qu'exciter son esprit de foi et sa recherche constante de la volonté de Dieu. Tout en se confiant en Lui, elle savait qu'il faut prendre soi-même les moyens dictés par une sage prudence. Et ces moyens mêmes, elle en attendait l'inspiration d'en haut. Aussi répétait-elle en sollicitant des prières :

« Il faut que le Saint-Esprit soit avec moi dans toutes les affaires qu'Il me charge de traiter. »

A Rome, des difficultés nouvelles compliquèrent bientôt la situation. Les premiers travaux publics et même les constructions particulières commencées aux Prati en 1885 se trouvèrent successivement arrêtés. On parlait d'insalubrité. Le prix des terrains, très élevé au moment de l'acquisiton, baissait de manière à changer complètement le cachet qu'on avait prétendu donner à ce nouveau quartier.

Des avis contraires, la plupart alarmants, étaient adressés à la révérende Mère. Il fallait se décider, ou revendre le terrain et chercher un autre emplacement.

Le 22 janvier 1887, une lettre de S. E. le Cardinal Protecteur engageait fortement à entreprendre la construction. En même temps, l'avocat annonçait que de grands travaux s'exécutaient aux Prati et répétait qu'il n'y avait rien à craindre.

Comptant sur la bonne Providence, la révérende Mère et son conseil laissèrent commencer les fondations, à la condition qu'on s'arrêterait ensuite pour assurer la solidité du bâtiment et aussi pour voir se dessiner les évènements.

L'annonce du prochain établissement de Nazareth à l'ombre de Saint-Pierre causa dans toute la Société une joie profonde et un véritable enthousiasme. L'amour de l'Église et de la personne sacrée du Vicaire de Jésus-Christ avait été grandissant dans les âmes depuis la captivité du vénéré Pie IX. C'était un culte auquel la gravité imposante de Léon XIII ajoutait encore. Aussi les premières religieuses qui partirent pour la fondation en septembre 1887 emportèrent-elles des vœux ardents. La Mère Générale leur avait préparé les voies : dans un rapide passage à Rome au mois de juillet elle avait loué un appartement dont elle attribuait la découverte à Saint Antoine.

Le canon tonnait au château Saint Ange annonçant l'Angelus de midi, quand les trois humbles voyageuses entrèrent dans la Ville éternelle. Elles reçurent pendant quelques jours une cordiale hospitalité chez des amies dévouées avant de s'installer dans leur modeste appartement du palais Gabrielli.

Ce palais est composé d'une réunion de maisons, groupées entre quatre rues, non loin du Pont Saint Ange. L'appartement occupé par Nazareth pendant trois ans faisait partie du bâtiment habité par le Prince Gabrielli, mais il avait son escalier privé conduisant à une grande « loggia » couverte et bien dérobée aux regards étrangers.

Quelques fenêtres donnaient sur le jardin particulier que la Princesse avait mis gracieusement à la disposition des religieuses. On ne put accepter cette offre bienveillante.

La princesse Gabrielli, fille de Lucien Bonaparte, sœur du cardinal Bonaparte et du prince de Canino, était une âme admirable. Elle a laissé dans la haute société romaine, aussi bien que chez les petits et les pauvres, le souvenir d'une vertu aimable, généreuse, souvent héroïque. Le prince et la princesse étaient très considérés surtout dans le parti romain, à cause de leur dévouement au Pape et à toutes les œuvres de charité.

Le palais comptait une population de petite ville, 1.400 habitants où se rencontraient tous les rangs de la société. Des cardinaux — le Card. Bonaparte et le Card. Oreglia — y avaient leurs appartements, ainsi que des familles de l'aristocratie et de la bourgeoisie romaine, des communautés religieuses et des gens du peuple.

Les fondatrices de la maison de Rome durent prendre d'assaut leur nouvelle habitation. En y arrivant le 30 septembre vers 3 heures de l'après-midi, elles trouvèrent la porte fermée et, on ne sait comment, le portier même n'en avait pas la clé. Des ouvriers faisaient la sieste dans la cour, on s'adressa à l'un d'eux : « Non so, répondit-il. – Connaissez-vous une autre porte ? — Non so. — Où sont les personnes qui demeuraient là hier ? — Non so. — Y a-t-il un serrurier parmi vous ? — Non so, non so. »

On prenait le parti d'attendre une intervention de la Providence quand un Frère de la Doctrine Chrétienne informé de l'arrivée des religieuses de Nazareth à Rome, se présenta pour leur faire des offres de service. Il ne pouvait venir à un meilleur moment. Saisissant aussitôt la situation, il fit apporter une échelle, pénétra dans l'appartement par une fenêtre et ouvrit la porte. C'est ainsi que Nazareth prit position à Rome.

Le reste de l'installation fut digne de ce brillant début. De grandes chambres vides, riches seulement de poussière, quelques chaises de paille, une table de bois blanc, trois lits de fer, c'était tout l'ameublement. Faute de combustible, on dut, ce soir là, se contenter de pain et de noix mais quelle bonne et réconfortante gaîté assaisonna ce premier repas ! On se réjouissait de connaître déjà et de goûter les privations qui sont le privilège et le charme des fondations !

Le lendemain, les religieuses trouvèrent, non sans peine, le chemin de l'église Saint Philippe de Néri, la plus proche du « palazzo » : c'est là que chaque jour elles s'offraient à Dieu pour faire son œuvre mais que de peines la pauvre supérieure entrevoyait ! La plus sensible à ce moment était l'absence de toute relation. On ne pouvait recourir aux bonnes amies des premiers jours, trop éloignées et très occupées. Il fut décidé que la neuvaine à Sainte Thérèse qui allait commencer, aurait pour intention principale la découverte de quelque personne charitable, disposée à donner à la communauté naissante les conseils pratiques si utiles à un début, surtout en terre étrangère.

La sainte Fondatrice du Carmel pouvait, mieux qu'aucune autre, comprendre cette nécessité. Elle entendit si bien les prières de la petite colonie que, avant même le jour de sa fête, l'excellente Signora Borgognoni, habitante du palazzo se présenta et fut reçue comme l'ange envoyé du ciel ; elle vint au secours des religieuses en toutes circonstances, entra dans les moindres détails de leur organisation, prenant même leurs affaires en main avec une certaine autorité plaisante qui n'inspirait que de la reconnaissance.

Peu à peu l'aménagement fut assez complet pour permettre de recevoir de France un renfort qui doubla le nombre des fondatrices.

Enfin, dans le courant de novembre, la révérende Mère vint elle-même. Selon son habitude elle s'occupa du temporel, du spirituel, des relations extérieures qu'elle jugeait utiles, comme du fonctionnement des emplois et du travail de l'intérieur.

Elle voulut sans retard visiter les communautés françaises de Rome : le meilleur accueil lui fut fait, particulièrement au couvent des Dames du Sacré-Cœur et au Cénacle dont les Mères supérieures s'empressèrent de se mettre à sa disposition pour donner à ses filles tous les renseignements dont elles pourraient avoir besoin.

L'entrevue avec la révérende Mère de Bois-Jourdan, à la Trinité des Monts, eut un caractère touchant d'estime et d'affection réciproque. Ces deux belles âmes, animées du même désir de la gloire de Dieu semblaient si bien se comprendre ! Quand la Mère Vignon, réclamant les prières de la Mère de Bois-Jourdan, exprimait son admiration pour l'esprit de sacrifice et de générosité si vivant au Sacré-Cœur, celle-ci lui répondait combien elle était heureuse de voir Nazareth s'établir à Rome : « Votre esprit de simplicité et d'humilité sera compris, lui dit-elle ; vous gagnerez bien des âmes à une vie sérieusement chrétienne, » Ce fut entre les deux Mère, une lutte de délicatesse toute à la gloire de l'Esprit de Dieu qui maintient l'unité dans la variété des aspirations.

Les rapports furent excellents aussi avec les religieuses du Cénacle qui accueillirent la révé-

rende Mère comme si elle eût été de leur famille.
Leur installation, encore nouvelle, visitée dans
le détail, donna de précieuses indications et des
idées pratiques, pour la construction qui s'élevait aux Prati.

Ces relations, et d'autres encore, datant de la
première visite de la révérende Mère furent très
utiles et très chères à la maison de Rome, car on
ne se borna pas à des marques de religieuse
politesse : en toutes circonstances, Nazareth
reçut les preuves d'un vrai et cordial dévouement.
Il va sans dire qu'un des principaux soucis de
la Mère Vignon avait été d'obtenir pour ses filles
la messe de tous les jours et la permission de
conserver le Saint Sacrement dans la très petite
chapelle de leur appartement. Le 21 novembre,
Notre-Seigneur fit son entrée dans ce nouveau
Nazareth pour ne plus le quitter. Le Cardinal
Vicaire daigna célébrer la première messe sur
un modeste autel. Et comme la Mère générale
s'excusait de recevoir si pauvrement l'Hôte divin
et son ministre, car bien des choses faisaient
encore défaut, le prélat sourit, disant avec une
grande bonté : « Nazareth n'a t-il pas commencé
à Bethléem ? »

C'était vraiment dans la pauvreté que cette
fondation prenait naissance ; elle devait se
glorifier longtemps de vivre de cette vie qu'ont
pratiquée ou enviée tous les saints.

La présence de Notre-Seigneur sous son toit faisait dire agréablement au prince Gabrielli : « Depuis que ces religieuses sont ici, je ne suis plus le Maître chez moi ! »

Le jour même de la première messe, le pensionnat fut créé par l'arrivée d'une petite Adelina. La visite de la maison n'avait pourtant rien d'attrayant ! Les meubles étaient à peu près absents de la salle d'étude, du dortoir et des autres pièces : on n'avait que le strict nécessaire.

La marquise Bosco, mère d'Adelina, avait vu plusieurs pensionnats, sans pouvoir fixer son choix sur aucun d'eux : « Mais, ma chère maman, lui disaient ses filles aînées, vous serez obligée d'en fonder un exprès pour notre petite sœur ! » Une des premières amies du Nazareth romain lui recommanda la nouvelle fondation. Elle cherchait une éducation française, simple et sérieuse. Elle se montra tout à fait satisfaite : le pensionnat de ses rêves semblait venu là pour elle !

Avec quelle pieuse émotion ces gracieuses prémices furent offertes à la Sainte Vierge en ce jour de la Présentation où Nazareth lui consacre ses petites filles. La révérende Mère partagea ces premières joies, mais un autre bonheur lui était réservé : une audience du Saint Père.

La Mère Générale, la Supérieure de la maison et une des religieuses furent admises à la messe de Léon XIII et communièrent de sa main. Quand les autres assistants se furent retirés, elles s'approchèrent de Sa Sainteté. Le Pape les accueillit avec une tendresse vraiment paternelle. La présence de Dieu était si sensible dans son Vicaire qu'elle enveloppait pour ainsi dire les Mères agenouillées à ses pieds. La Mère Vignon s'en trouvait comme pénétrée et, lorsque l'auguste Pontife causant familièrement, lui demanda le nom de la fondatrice de Nazareth et du lieu où était la Maison-Mère, elle ne put que balbutier : ces noms échappaient à sa mémoire et ses compagnes durent répondre pour elle. Mais le Saint-Père poursuivant l'entretien avec une bonté ravissante, elle se remit de son émotion et lui parla en toute confiance de la Société et de la maison romaine. Par deux fois, le Pape lui posa la main sur la tête avec affection puis il bénit de même la supérieure en lui disant : « Vous souffrirez beaucoup. »

Au moment où, remplacées par d'autres, les religieuses se retiraient tout émues, Léon XIII les rappela : « Ecrivez à vos familles que je les bénis, écrivez aujourd'hui même ! »

Il ne fallut rien moins que le souvenir de cette grande matinée pour soutenir le courage de la Mère générale et de la supérieure, non seulement dans les commencements mais plus encore dans la continuation d'une œuvre qu'elles voyaient constamment suspendue entre la vie et la mort.

Après avoir animé le zèle de ses filles, la révérende Mère laissa la petite communauté tout à la confiance et à la reconnaissance et prit la route de l'Orient.

C'est à ce voyage (1888) qu'il convient de rattacher l'histoire des fouilles exécutées sur le terrain du couvent, à Nazareth de Galilée, pendant les années précédentes. Imitant la prudence de la Mère Générale dans une affaire qui cependant intéressait vivement sa piété, nous donnons ici sous toutes réserves les détails dus à la plume de la Mère Giraud, devenue, en 1882, supérieure de la maison de Nazareth.

Le 1ᵉʳ mars 1886, elle écrivait à la révérende Mère Vignon :

Ma Révérende Mère,

C'est aujourd'hui commencement du mois de notre bon Père Saint Joseph, que je pense à vous confier ce qui m'a amenée à continuer patiemment mes recherches sur la *deuxième* sainte maison de Nazareth, alors même que la chose semblait puérile à plusieurs.

Voici ce qui m'est arrivé et qui n'est nullement du domaine des savants :

« C'était à Beyrouth, dans la nuit du 15 au 16 décembre 1880. J'eus un rêve ravissant. C'est le pays des rêves. J'avais fait depuis quelques jours une retraite avec le R^d Père Mazoyer. M'étant endormie dans une pieuse pensée, il me sembla que, sur votre ordre, ma Révérende Mère, j'étais venue à Nazareth. Comme je me préparais à visiter le sanctuaire de l'Incarnation, je sentis mon esprit pleinement éveillé. A l'ouest du sanctuaire parut une douce clarté à travers les arbres et j'entendis une voix qui disait : « La sainte maison est revenue à Nazareth. » Je suivais un groupe de nos religieuses attirées par cette lumière. J'entrai dans une maison dépouillée de tout ornement. Celles qui m'accompagnaient étaient silencieuses et parurent désappointées devant une pierre sombre et des murs dénudés. Je me demandais ce qu'étaient devenues les richesses de la Santa Casa ; je cherchais quelques signes du passé, quand je vous aperçus, ma Révérende Mère : votre expression était froide et indifférente devant ces murs auxquels nos flambeaux ne rendaient qu'un faible éclat.

« Cependant la voix dit encore : C'est ici le lit de l'Enfant Jésus. » Je me retournai vers la droite. Un spectacle simple et ravissant me surprit : mes sœurs étaient agenouillées sur le côté d'une table rustique en pierre. L'Enfant Jésus était debout à l'extrémité de la table ; son regard souriant se reposait sur elles. Il consultait le saint Patriarche, incliné avec un amoureux respect à sa gauche, pour satisfaire ce divin Roi. Je vis alors le divin Enfant s'approcher de plusieurs, les tenant quelque temps embrassées. Il ne passait pas de l'une à l'autre mais consultait Saint Joseph pour chacune.

« Pieusement émue, bien qu'arrivée la dernière j'espérais avoir mon tour à la fin sans inquiéter personne. Lorsque l'Enfant Jésus me regarda, je compris qu'Il disait à Saint Joseph : « Que lui donnerons-nous ? » Mais je n'entendis pas la réponse : leur langage était sans paroles et leurs pensées semblaient entrer de l'un dans l'autre. En me quittant, l'Enfant parlant au saint vieillard, disait encore en me montrant : « Que lui donnerons-nous ? »

« Il revint pour la seconde fois et je me sentis toute pénétrée de reconnaissance et de confusion. Puis, retournant vers notre bon Père, l'Enfant Jésus insistait, lui demandant pour la troisième fois : « Que donnerons-nous encore ? » Et le saint Patriarche parlait sans doute d'une faveur très inattendue car son secret causait une grande joie au Sauveur qui l'exprimait par les mouvements enfantins de ses petits bras et je jouissais du plaisir qu'Il avait, comme un enfant qui apprend un secret pour en faire une surprise à ceux qu'il aime. Ce devait être une surprise pour nous toutes car le sens en était loin de ma pensée.

« L'impression de confiance et de respect que

j'en éprouvai ne me quitta pas d'une année. C'était une source d'eau vive qui remontant de mon cœur retombait comme matériellement, m'inondant tout entière.

« La vision disparut. Pieusement émue, je songeais à consulter un Père de la Compagnie qui se trouvait là, pour avoir le sens de tout ceci, mais je ne pus en avoir de réponse. Il sortit, en tournant vers la droite, à travers le mur, et je compris qu'il y avait encore de ce côté quelque chose d'inconnu.

« Je m'éveillai alors et je ne trouvai, en effet, l'occasion de parler de ceci à personne. Le R. P. Mazoyer, pris d'une sciatique le matin du 1er janvier, ne put revenir à la Colline avant son départ. J'étais loin, au reste, de penser que ce rêve fût symbolique ; je me contentai d'en conserver, avec reconnaissance, la pieuse impression.

« Le 10 mars suivant (1881), premier jour de la grande neuvaine, la Mère Grenet, alors supérieure à Nazareth, achetait la maison de Moussa-Addad, située exactement au-dessus de la cellule voûtée de la source et de la caverne aux sept bassins.

« Le 24 décembre suivant (1881) on terminait, après une séance de six heures, l'achat de la dernière maison, au-dessus de la première grotte bâtie et de la voûte d'entrée des cavernes.

« Ces deux dates que je retrouve dans le journal de la maison, ne rappellent-elles pas admirablement l'auteur du don que nous espérons ? »

« Lorsque je fus poussée à ouvrir ces voûtes, je n'avais aucune idée de tout leur passé. Un curé indigène le premier attira mon attention par le mot : « Ancienne église. » Dom Sanino m'apprit alors que Nazareth avait eu deux maisons habitées par la Sainte Famille. C'est seulement lorsque je trouvai moi-même le texte de saint Jérôme (1) que les paroles de mon rêve « La sainte maison est revenue à Nazareth » me revinrent à la pensée, mais je n'osais complètement m'y arrêter. A votre passage (1885), je fus frappée, ma Révérende Mère, de votre attitude dans la visite des grottes : c'était bien la même froideur et indifférence que j'avais vue, en face des mêmes murs et de la même disposition.

« Je me suis attardée à la recherche des signes du passé et j'arriverai la dernière à cette dévotion car si ma foi en ce don inestimable est ferme et

---

(1) Nazareth, où le Christ vécut, est un petit bourg de Galilée qui renferme une église à l'endroit où l'Ange se rendit auprès de la Bienheureuse Marie pour lui annoncer la bonne nouvelle ; mais il en possède une seconde où Notre-Seigneur fut nourri. » (*Texte attribué à Saint Jérôme reproduit par le vénérable Bède.)*

ROME — Façade intérieure. École et Chapelle.

constante j'y suis froide et sans consolation. Aucune sensibilité, même lorsque nous obtenons des faveurs presque miraculeuses, demandées comme signe de la certitude du lieu saint.

« Les bons Pères de la Compagnie n'ont pu me répondre (par une prudence que je comprends) au sujet de ces fouilles. Le R. P. V. m'a seulement fait dire : « Il faut poursuivre et faire quelques travaux pour retrouver la source qui serait le signe sans appel. »

« D'après une pieuse tradition, la sainte Maison doit revenir à Nazareth avant la fin des temps. Le Frère Liéven l'annonçait, l'année dernière, à la Caravane, et le Journal du Pélerin en parlait, supposant que ce serait le retour de la Santa Casa. Puisque les deux maisons avaient disparu en même temps, ceci peut bien s'appliquer à la seconde qui serait rendue à la vénération des chrétiens à la chute de l'empire turc. Qui sait même si cette tradition du retour n'a pas amené les Musulmans à s'acharner à la disparition des signes et de la source murée ?

« Tout ceci vous semblera sans doute une naïveté , ma Révérende Mère, mais ce sera une heureuse naïveté si elle me vient en aide. »

Cette lettre demande quelques explications dont la révérende Mère n'avait pas besoin puisqu'elle avait vu les premières fouilles et avait reçu communication des textes précieux recueillis avec un soin jaloux par la pieuse Mère Giraud.

Sans traiter à fond cette question, une réponse de M. Victor Guérin, le savant orientaliste, à la supérieure de Nazareth, met plusieurs points en lumière :

« D'après Arculphe (1) on voyait à Nazareth, vers l'an 670 de notre ère, deux grandes églises : l'une, située au milieu de la ville, renfermait dans une crypte une fontaine très limpide où tous les habitants venaient puiser et dont l'eau était montée dans l'église supérieure au moyen de vases mus par une roue.

« L'autre église occupait l'emplacement de la maison où l'archange Gabriel avait apparu à la Sainte Vierge.

« Il faudrait vous assurer, Madame la supérieure, si la citerne que vous me signalez dans l'une des grottes n'est pas précisément la fontaine que mentionne le pèlerin Arculphe. Dans ce cas elle aurait été alimentée par le conduit dont vous parlez, lequel aurait amené les eaux d'une source maintenant obstruée et non celles du ciel ; car des eaux pluviales n'eussent pu être considérées commes des eaux sacrées que l'on venait boire par piété.

(1) Arculphe était un évêque de la Gaule qui parcourut la Palestine vers l'an 670.

« Les Grecs, à la vérité, possèdent à Nazareth une église dont une chapelle inférieure contient une source de ce genre, mais cette église n'est pas située au milieu de la ville, *in medio civitatis loco*.

« Tel est, Madame la Supérieure, le renseignement le plus circonstancié que je puisse vous fournir à propos de votre sanctuaire, etc... ..»

Paris, 30 novembre 1885.

Pressée par cette haute et encourageante parole, la Mère Giraud se mit à l'œuvre et successivement, tout ce qu'Arculphe signale dans la crypte de la grande église située au milieu de Nazareth, fut découvert.

La révérende Mère se départit un peu de la froideur avec laquelle elle avait reçu les premières communications relatives aux découvertes de la Mère Giraud : elle les visita avec intérêt, sans toutefois émettre une opinion, et finit par autoriser la bonne supérieure à adresser un rapport avec une vue de la grotte et un plan des fouilles, au Père Charmetant, pour la « Revue de la Terre Sainte »

La Mère Vignon passa tout le mois de novembre à Rome :

« Les sujets de crainte, écrivait-elle en revenant, y sont plus nombreux que jamais et pourtant nous continuons puisque l'œuvre est commencée. Comme nous avons été *appelées* par le

Cardinal Vicaire, nous pensons que Dieu bénira notre obéissance et le désir de faire du bien dans ce ce nouveau quartier.

« Mais qu'il est difficile de se préparer à enseigner dans une langue étrangère ! Avec cela, il ne se présente aucun sujet italien comme vocation. La question du succès est donc problématique à plusieurs points de vue.

« Quant à Ealing, la pauvre supérieure s'y consume en désirs et en travaux. Je ne crois pas qu'elle puisse de sitôt me présenter la trentaine mais elle a de bonnes espérances et des réalités consolantes. C'est beaucoup de pouvoir constater que le bien se fait solidement dans les quelques jeunes filles que la Providence lui confie. Elle se loue beaucoup *de ses Belges.* »

Des secours spirituels inappréciables étaient accordés en ce moment à la petite maison anglaise par la divine Bonté, qui avait amené à Slough, à une heure seulement d'Ealing, les Pères français de la Compagnie de Jésus. La Mère Vignon, qui avait longtemps souffert des privations de ses filles, en éprouvait une grande consolation et exhortait la petite communauté à répondre à tant de grâces par une fidélité toujours plus généreuse.

Vers le même temps l'anxiété arrachait à sa plume cette exclamation : « Tout est si incertain que la responsabilité devient plus TERRIBLE. »

Le mot échappé, elle le rétracte aussitôt : « Il est trop fort, dit-elle, pour une âme qui ne devrait craindre que l'offense de Dieu. Vivons dans le surnaturel ; emparons-nous du ciel tous les jours un peu plus et, pour cela, puisons force et persévérance dans le Sacré-Cœur. »

Après ses visites du Nord, la révérende Mère fut appelée à Rome où les embarras créés par l'administration scolaire menaçaient de rendre la situation impossible. Elle y partit dans les premiers jours de juin, amenant avec elle une jeune religieuse à peine sortie du noviciat que sa connaissance de l'italien lui avait fait choisir pour augmenter le nombre des étudiantes. Les premières arrivées se préparaient activement à l'examen dont le moment approchait. Celle qui vint se joindre à elles raconte ainsi ses impressions :

« Mon voyage d'Oullins à Rome, en tête-à-tête avec ma Supérieure Générale qui, jusque là, ne m'inspirait qu'un grand respect mêlé d'une certaine crainte, était loin d'être gai. Je regrettais mon noviciat que j'avais brusquement quitté et la Mère Vignon me dit peu de paroles. Mais elle me tendit deux feuillets que j'ai conservés précieusement et relus bien des fois : la prière de Mme Elisabeth et l'acte d'abandon du V. Père de la Colombière : « Méditez-les, me dit-elle avec un bon sourire, cela vous fera du bien. »

« Nous arrivions à Rome dans les premiers jours de juin : il y avait un an et demi que la maison était fondée. La révérende Mère m'apparut sous un nouveau jour, simple, maternelle, pleine de sollicitudes, s'intéressant aux plus petits détails. Je fus d'abord frappée de la confiance filiale et affectueuse que lui témoignait ma supérieure et étonnée de voir notre Mère Générale la traiter sans ménagements, comme une fille sur laquelle on compte entièrement. Je ne savais qu'admirer le plus, de l'humilité de la Mère A. ou de la liberté et de l'autorité de notre révérende Mère. C'était pour moi un second noviciat où je trouvais la parfaite dépendance et toutes les vertus qui m'avaient été enseignées devenues une sainte habitude dans les Mères occupant les premières charges, c'était Nazareth dans sa pauvreté, son obéissance, sa charité, son travail. Tout cela pratiqué simplement et sans bruit, sans aucune distinction, car Notre révérende Mère n'acceptait pas d'adoucissement à notre vie pénible de fondatrices. »

Lorsque les premiers examens eurent été passés avec succès, on se trouva en face de l'obligation du *tirocinio*, ou stage de deux ans dans une école normale, avant de pouvoir enseigner. Le Card. Vicaire conseilla fortement à la Mère Vignon de soumettre ses religieuses à cette loi et il insista pour que deux d'entre elles se fissent inscrire chez les « Dorothées » (1) pendant que les deux autres se prépareraient à entrer à l'Ecole normale.

Malgré ces plans bien concertés, la fondation romaine restait une épine pour la révérende Mère.

« Nous préparons une maison plus belle au dehors que je ne l'aurais voulu. Les architectes ont à cœur de faire briller leur talent ; le nôtre a bon goût mais l'élégance ne convient pas à Nazareth. C'est fait ! — L'essentiel serait maintenant que le quartier se peuplât. Or la crise financière arrête les constructions qui y sont commencées. Je pense quelquefois en voyant notre *palazzo* que le bon Dieu attendra, pour le faire prospérer, qu'une autre ait pris ma place. Ce ne sera pas long : encore trois ans et, bien volontiers, je déposerai les armes. Et qui sait si le divin Maître ne m'appellera pas à Lui avant cette époque ? Il faut toujours nous tenir prêtes à rendre nos comptes. »

La crise financière que Rome traversait n'était pas la seule cause de la suspension des travaux aux Prati, mais la révérende Mère évitait de répandre les bruits plus ou moins malveillants qui circulaient.

(1) Etablissement religieux reconnu par le Gouvernement.

Beaucoup de personnes paraissant bien intentionnées et d'autres malignement inspirées s'élevaient hautement contre la situation du futur couvent. On prétendait que l'air des Prati était malsain, que le voisinage du Tibre rendait ce quartier inhabitable ou tout au moins impropre à un pensionnat comme celui qu'on devait y transporter l'année suivante. Ces remarques, qui semblaient fondées, donnaient à réfléchir : on entrevoyait la nécessité de céder à d'autres le terrain de la construction presque achevée.

La révérende Mère étudia la question de près, en conféra avec le Card. Vicaire, pria et fit beaucoup prier mais laissa continuer les travaux, s'en remettant à la Providence qui dirige tous les évènements.

Dans le courant de l'hiver de la même année, la chapelle du public, à laquelle on avait travaillé avec activité, se trouva terminée et le désir du Cardinal put être réalisé, même avant l'installation définitive. La Mère Vignon écrivait en janvier 1890 :

« Notre maison de Rome reste toujours un problème que le temps résoudra. Pour le moment nous avons le bonheur d'évangéliser et de catéchiser un quartier privé de tout secours religieux. Voilà bientôt un mois que notre chapelle est ouverte et que 200 personnes y assistent à la messe du dimanche. »

Dès que la révérende Mère l'eut approuvé, le patronage s'organisa. Un prêtre du collège lombard dirigeait l'œuvre naissante. Il ne fut pas facile de discipliner des enfants au caractère mobile. Un jour, le Père directeur, qui parlait souvent du patronage au Card. Parocchi, obtint de Son Eminence qu'elle viendrait incognito voir ses petites filles et même administrer à plusieurs d'entre elles, sans la pompe ordinaire, le sacrement de confirmation.

On les prépara le mieux possible sous le rapport de la piété et on les exerça aussi pour obtenir un peu d'ordre et de recueillement pendant la cérémonie. Le grand dimanche venu, tout se passa bien ; mais, la Confirmation terminée, le prélat s'étant assis devant l'autel pour distribuer des médailles, les soixante enfants présentes, oubliant tous les exercices et recommandations, se précipitèrent vers lui dans un désordre complet. Les deux pauvres religieuses essayèrent en vain de retenir leur élan intempestif.

L'instruction de ces enfants déshérités des Prati préoccupa toujours la Mère Générale. Elle songea même à retarder la construction de la chapelle intérieure qui devait être grande et belle, afin de bâtir une école de pauvres. L'église extérieure suffisait aux besoins des personnes du dehors et la tribune qui y correspondait était assez vaste pour recevoir les religieuses et **leur** nombre limité d'enfants.

Cependant, un don généreux, fait exclusivement pour la chapelle, obligea la révérende Mère à de nouveaux arrangements. Elle ne renonça pas à son projet. Plus tard, l'école construite, l'idée première sera reprise, établie sur des bases solides et les œuvres de pauvres, annexées au pensionnat, iront toujours en se développant.

Le déménagement, puis l'installation en octobre 1890, furent très laborieux, mais la jeune communauté était pleine de vaillance et de gaîté. La Mère Supérieure ne laissait voir que le moins possible ses préoccupations graves au sujet de l'avenir du pensionnat dans ce nouveau quartier. Le grand *palazzo* s'élevait majestueux non loin du Vatican ; les maisons de la via Cola di Rienzo se dressaient hautes et bien alignées, mais beaucoup étaient inachevées à l'intérieur ; celles qu'on habitait déjà abritaient une population misérable, ou plutôt mal famée, que les propriétaires recevaient gratis pendant deux ou trois ans afin, disait-on *d'asciugare i muri*, d'essuyer les murs.

Sur la Via Plinio, derrière le couvent, des bâtisses interrompues, faute de fonds, tombaient en ruines et devenaient le repaire nocturne de voleurs et de gens sans aveu. Comment penser à recruter jamais des pensionnaires ou des externes dans un pareil milieu ! Les bonnes familles du centre de Rome n'aimaient pas à éloigner leurs enfants. Nazareth était au-delà du Tibre.

Passer les ponts fut de tous temps un évènement chez les Romains anciens et modernes !...

Bien des fois la Mère générale avait visité le chantier des constructions ; elle allait voir la maison achevée et y trouver réunie toute la petite famille. En descendant de voiture elle s'arrêta un moment pour regarder ce nouveau Nazareth. Ce vaste édifice d'aspect imposant et sévère, de style gothico-lombard, avec portail et fenêtres en plein cintre, ornés de colonnes, c'était bien le monastère dont elle avait étudié les moindres détails sur les plans de l'architecte... Souriante, elle en franchit le seuil et ouvrit les bras à celles qui l'attendaient, heureuses de la recevoir!

Douze enfants seulement lui furent présentées; bien qu'elles semblassent perdues dans cette grande maison, leur expression de bonheur, relevée par une grâce simple et charmante, toucha vivement la révérende Mère.

Mais elle devait en convenir tout bas, le problème de l'existence de Nazareth aux Prati restait bien incertain. Selon sa coutume avant de se fixer dans une opinion, elle étudia de nouveau la question sous tous ses aspects, réfléchit beaucoup, s'informa, chercha à s'éclairer auprès d'amis sûrs et, avant tout, auprès des autorités ecclésiastiques dont elle avait souvent expérimenté la compétence et le bienveillant intérêt.

Sans l'ombre de réclame de la part du couvent, le bruit s'était répandu dans Rome qu'un nouvel établissement d'éducation pour les jeunes filles venait de s'ouvrir aux Prati, qu'il était construit d'après les règles de l'hygiène la plus rigoureuse et selon les systèmes scolaires les plus récents. Un grand nombre de personnes curieuses ou intéressées se présentèrent pendant le séjour de la Mère Générale pour voir le pensionnat. La Mère Vignon prenait plaisir à écouter le récit de ces visites qui agrémentait souvent les récréations ; si elle en saisissait le côté piquant elle recueillait aussi les remarques utiles pour en tirer parti à l'occasion.

Lorsque, dans une de ses dernières entrevues avec l'avocat, elle lui dit que la maison était bien grande pour si peu de religieuses et de pensionnaires, M. Pucci lui répondit : « Révérende Mère, attendez que le palais de justice et les casernes soient achevés, l'armée et la magistrature viendront habiter ces quartiers ; je ne mets pas en doute que, dans vingt ans, vous n'ayez plus assez de place pour toutes vos élèves.»

Cette prédiction s'est accomplie mais après bien des labeurs.

De telles assurances venaient de plus haut encore. Le Cardinal Protecteur en particulier répondait de l'avenir.

Son Eminence avait la Mère Vignon en singulière estime. Il lui accordait de longues audiences et, après s'être paternellement informé de ce qui regardait la Société, il aimait à l'entretenir des questions religieuses. On sentait qu'il désirait connaître sa pensée sur les affaires de France, d'Orient, d'Angleterre et d'Irlande que ses voyages, ses relations et surtout son excellent jugement lui permettaient d'apprécier dans la vérité.

Un jour il la pressa fortement de se présenter chez le nouvel ambassadeur de France auprès du Quirinal. Comme la révérende Mère, très étonnée, gardait le silence, Mgr Parocchi insista et lui dit avec un fin et bienveillant sourire : « Ma Mère, allez-y, c'est pour le bien. » Et il lui donna l'adresse en ajoutant : « Que ce soit au plus tôt »

L'ambassadeur montra à la Mère Vignon la plus grande courtoisie et la fit surtout causer sur ses voyages en Orient. Il attachait évidemment une importance sérieuse à ce qu'elle lui disait avec cette simplicité, cette sagesse, cette modération qu'on appréciait dans ses entretiens. Il l'engagea beaucoup à s'arrêter au Ministère des Affaires étrangères quand elle passerait à Paris : « Il faut, lui dit-il, que nos gouvernants soient instruits par des personnes compétentes. »

Dans l'abandon de la conversation, Son Excellence avait dit : « J'arrive à Rome, ma Mère, après un séjour de plusieurs années en Allemagne. Eh ! bien, ma grande occupation a été d'éteindre les allumettes qui commençaient à flamber. »

La Mère Vignon avait gardé le meilleur souvenir de cet homme droit et intelligent qui occupa ce poste trop peu de temps, car il fut rapidement emporté par la maladie.

A la fin de son séjour, la vénérée Mère déclara à ses filles que les difficultés du présent ne devaient en aucune façon les porter à douter de l'avenir. Nazareth s'était établi à Rome, là où la Sainte Église elle-même avait désiré qu'il fût. Docile aux ordres de la Providence, il devait tout attendre de la main de Dieu.

Une première réponse de la bonté divine à sa confiance toute de foi fut la vocation d'une jeune Romaine, la Signorina Pia Albertazzi, qui appartenait à une des familles les plus attachées à la Papauté. Son père avait été, pendant de longues années, camérier de cape et d'épée de Pie IX. Pia avait quatre ans quand sa mère la conduisit pour la première fois aux pieds du Saint-Père. L'auguste Pontife caressa la petite fille et, faisant allusion au nom qu'elle portait, il dit : « Tu t'appelles comme le pape. » Puis, avec l'enjouement qui lui était habituel : « Tu as une robe blanche comme le pape. » — « Une coiffure blanche comme le pape. » L'enfant intimidée répondait à tout par une inclination de tête. Alors Pie IX ajouta en souriant : « Tu es donc une petite clochette ? »

Externe au Sacré-Cœur de la Trinité-des-Monts Pia se fit remarquer par son esprit sérieux et une vertu supérieure à son âge. L'appel divin entendu, ses pensées se tournaient naturellement vers la sainte maison où elle avait été élevée mais Dieu avait d'autres desseins sur elle. Il la laissa dans le trouble et l'indécision jusqu'au jour où, dans le parloir des Dames du Cénacle, quelqu'un parla de Nazareth devant elle. Ce fut un rayon de lumière : elle voulut connaître la communauté de ce nom et sa décision fut bientôt prise.

Le jour du sacrifice étant arrivé, la pieuse Mme Albertazzi tint à offrir sa fille à Dieu en la personne de son représentant sur la terre. Elle obtint une audience de Léon XIII qui interrogea la jeune Pia, approuva son choix et, après l'avoir bénie, la remit à la supérieure de la maison de Rome en lui disant : « Ce sera une bonne vocation. »

Quand Mlle Albertazzi se présenta à l'examen canonique à Oullins, Mgr Richoud, supérieur ecclésiastique, dit en l'apercevant : « Voilà la postulante italienne ? » — « Non, Monseigneur, répondit-elle vivement, je ne suis pas italienne, je suis romaine. »

Cette profession de foi et d'amour pour le vicaire de Jésus-Christ rappelait la répartie de son père au vénéré Pie IX. Monsieur Albertazzi attendait un jour à la porte du Vatican que le Saint Père, rentrât de sa promenade. Dès que l'auguste Pontife parut, entouré de ses gardes-nobles, et marchant très lentement selon son habitude, le bon camérier s'agenouilla, la tête découverte, sous un brûlant soleil. « Paolo, mon pauvre Paolo, dit le Pape avec une aimable familiarité, relève-toi, tu vas être tout noir ! — Pas plus que je ne le suis, Très Saint Père », répondit avec feu le dévoué serviteur. On sait que les Noirs représentaient à cette époque les vrais Romains, fidèles au Pape.

Quand la Révérende Mère revint en France, la Chambre était occupée à débattre la question de nouveaux impôts sur les Congrégations religieuses. Ces exigences matérielles la touchaient moins que la pensée de voir le sort des amis de Dieu à la merci de quelques ministres sectaires. « C'est un moyen perfide d'étouffer le cri des victimes, écrivait-elle. Mais ces trames de l'enfer ne m'ôtent pas la confiance. *si Dieu est pour nous, qui sera contre nous ?* » Sans doute nous aurons des moments très difficiles à passer... les épreuves sont le chemin du ciel et nous y allons.

Plus on avance sur la route, plus on comprend qu'après tout il importe essentiellement d'atteindre le terme. »

« Cette année 1891, avait dit la Révérende Mère, en annonçant son voyage en Syrie pour le mois de février, sera une année «de traversées et de traverses. » La Providence lui ménageait, en effet, bien des épreuves. La plus douloureuse et la plus inattendue fut la mort presque subite de la bonne Mère Anaïs Trebuchet.

« Hélas ! écrivait-elle en faisant part de ce deuil à toute la famille religieuse, il est bien vrai que, le 1ᵉʳ janvier, fête de la Circoncision, Dieu a fait une douloureuse blessure à nos cœurs. Je sais, je sens, que les vôtres comme le mien, sont remplis de tristesse, aussi, à ma souffrance personnelle, s'ajoute celle de toute la Société. La bonne Mère qui vient de nous être ravie y tenait une si grande place par sa foi, son dévouement et son ardente charité ! Pleurons donc ensemble. Mais si la Sainte Ecriture dit aux chrétiens en général : « Ne pleurez pas comme ceux qui n'ont point d'espérance, » c'est toute une sainte vie qui nous crie à nous : « Que vos larmes soient pleines d'espérance ! » Dieu a reçu dans son sein sa fidèle servante, elle nous attend, elle prie pour nous. Ce cœur qui nous a tant aimées, abîmé aujourd'hui dans l'océan du divin amour, garde le même zèle pour tous nos intérêts. Nazareth compte au ciel une nouvelle et puissante protectrice. »

L'éloge de la chère défunte trouvera sa place ailleurs : ce que nous voulons montrer ici, c'est la profonde et délicate sensibilité du cœur de la Mère Vignon, son amour pour sa Congrégation et pour chacun de ses membres.

« A mon retour de Rome, le 17 décembre, dit-elle encore, la bonne Mère comme nos autres Assistantes, vint à ma rencontre à la porterie. Son sourire, toujours si bienveillant, me frappa plus que d'habitude ; elle attendait de tout son cœur des nouvelles de notre dernière fondation, de tout et de chacune. Ah ! qui m'eût dit, lorsque je répondais à ses questions, si pressantes d'intérêt, que bientôt cette chère Assistante ne serait plus dans nos conseils ! »

... « Et maintenant que ce cœur maternel ne bat plus au milieu de nous, que cette voix où vibrait une si grande sympathie ne nous répond plus, ne craignons pas que la sainte mission de cette bonne Mère soit terminée ; au contraire, elle commence ou elle continue avec plus d'efficacité. Puisque son souvenir nous est si présent qu'il nous fasse prier et qu'il augmente en nous le désir de devenir bonnes, douces, bienveillantes pour le cher prochain. Plus que jamais près du bon Dieu où nous aimons à la voir, elle a à cœur notre perfection, elle est notre avocate. Demandons-lui qu'elle nous aide à acquérir les vertus dont elle nous a donné un si touchant exemple. »

Pour comprendre la douleur de la Mère générale, il faudrait se rendre compte de la confiance absolue qu'elle avait placée dans la vénérée Mère. Si les conseils sages et mesurés, fruits d'une longue expérience des personnes et des choses de notre Société, lui venaient surtout de la Mère Helot ; si elle trouvait dans la Mère Marie Noël un esprit à l'unisson du sien, avec lequel il lui était bon de s'entretenir, de trouver une agréable diversion à ses soucis et souvent un joyeux réconfort, la Mère Trebuchet était pour elle le cœur toujours ouvert, à qui seule elle pouvait confier certaines peines, le dévouement toujours prêt, sur lequel elle comptait sans réserve. Aussi comme la bonne Mère lui manqua !

Un jour, sans doute sous le coup d'une mauvaise nouvelle ou préoccupée d'une affaire pénible, la révérende Mère sonna. A la religieuse qui répondit à son appel, elle dit vivement : « Je désire voir la Mère Trebuchet. » On la regarde avec étonnement, elle répète : « La Mère Trebuchet ! — Mais, ma Mère... » Alors, elle se rappela, mit sa tête dans ses mains pour cacher ses larmes et invoquer dans le ciel celle qui n'était plus là pour l'assister.

Dans le premier mois de l'année, la mort

frappa plusieurs fois ce cœur déjà **meurtri**. Une lettre du 24 janvier à une très ancienne enfant devenue une amie, résume les épreuves et les dispositions surnaturelles de la Mère Vignon en ces jours douloureux.

« Vous me croyez loin de la France, ma bonne L. et j'y suis encore, toujours désireuse de partir pour la Syrie mais tenue en suspens par mille affaires où la persécution de nos gouvernants contre les communautés religieuses tient la première place. Ils veulent à tout prix nous faire disparaître. Il serait bien volontairement aveugle celui qui verrait un autre but dans les nouvelles lois. Vous comprenez que la charge de supérieure est un peu lourde en de pareils temps : c'est bien en Dieu seul qu'il faut mettre sa confiance.

« Or, ce bon Dieu nous met à une rude épreuve depuis la nouvelle année. Ecoutez : le 1er janvier à 6 heures du matin, j'ai reçu le dernier soupir de notre *bonne* et *sainte* Mère Trebuchet. Elle n'a été alitée que trois jours. Le médecin nous rassurait, aussi avons-nous été toutes consternées par la disparition de cette colonne de notre Société. C'était un cœur si largement ouvert à tous et à chacun ! Vous comprenez nos regrets, les miens en particulier.

« Savez-vous comme le bon Dieu me console ? Depuis le 1er janvier, d'autres religieuses de

Nazareth sont entrées dans l'éternité, ce qui fait quatre en vingt jours : une à Ealing, la Mère Payen, la plus angélique créature qu'il soit possible de rencontrer sur la terre. C'était un composé de candeur et d'harmonie ; passionnée pour la musique, elle chantait toujours l'amour de Dieu à qui elle avait donné tout son cœur.

« A Reims, une professe a été emportée à la suite d'une horrible opération ; à Beyrouth, c'est une jeune Nazaréenne de 27 ans. Enfin, j'attends une dépêche de Nazareth en Galilée où se meurt de la poitrine une autre jeune Syrienne. Et j'ai des craintes sérieuses à Rome et à Montléan. Vous voyez que la croix marque chacune de nos maisons de son sceau douloureux et *victorieux*. Tous ces départs sont pieux et doux. Impossible de plaindre celles qui ont le bonheur de s'en aller aussi tranquillement se reposer des orages de la terre. Mais ce sont des vides... Je me suis étendue bien longuement sur *nous*, ma chère L.... d'abord parce que je veux vous associer à nos prières pour celles qui nous ont quittées, ensuite parce que je sais que vous vous intéressez à tout ce qui touche Nazareth. Nous sommes en communauté de sentiments ; nous marchons à travers des chemins qui n'ont qu'une apparence de variété. Le fond est bien le même puisque nous y trouvons sûrement des épreuves, des pierres d'achoppement, de la boue, un soleil bien brûlant quelquefois, et toujours l'occasion de pratiquer la patience avec toutes sortes de vertus qui composent notre bagage céleste. Heureusement, ces chemins où nous n'avons guère l'occasion de nous rencontrer aboutissent au même terme et c'est là qu'enfin nous nous retrouverons dans le sein de Dieu avec tous ceux qui auront voulu s'attacher à Lui sur la terre. Oh ! comme cette espérance est bonne ! comme elle aide à accepter les aspérités de la route et à s'armer de courage pour achever sa course ici-bas.»

Dès que la révérende Mère avait appris que la Mère Payen toute prête à s'envoler au ciel, n'aspirait plus qu'au bonheur de voir Dieu, elle lui avait adressé cette petite lettre :

« Ma bien chère Fille,

« Il faut donc vous céder au bon Dieu ! heureusement pour vous, Il ne me consulte pas, sans cela je vous garderais encore au petit Nazareth de la terre. Mais puisque vous allez prendre votre essor vers le Nazareth du ciel, je fais mon sacrifice et je vous remets entre les mains de la divine Miséricorde, bien persuadée, ma Fille, que de là-haut vous servirez encore notre chère famille religieuse. Je ne vous dis pas ce qu'il faudra demander. Vous verrez si bien le meilleur pour toutes et pour chacune. Qua nous croissions dans l'amour du bon Maître et le mépris de nous-mêmes.

« Et nous, ma Fille, nous prierons le divin Cœur de vous mettre vite en possession du Souverain bien que vous avez toujours désiré.

« Je vous bénis avec la tendresse d'une Mère qui remet son enfant dans le sein de Dieu. »

Cette lettre était adressée : « A la porte du Ciel ».

Après la pieuse mort de la Mère Payen, elle écrivit à sa sœur, religieuse au Nazareth de Reims :

« Ma chère Fille,

« Vous étiez prête à recevoir la nouvelle et pourtant je suis sûre qu'elle vous a émue profondément. C'est toujours chose grave que ce grand départ pour l'éternité et quand celle qui s'en va est une sœur pleine de tendresse et de saintes amabilités, le cœur se serre à la pensée que *le revoir* n'est plus possible ici-bas. Je vous comprends ma fille, je vous comprends d'autant mieux que je partage vos sentiments. Comment une mère pourrait-elle sans douleur voir partir une fille qui ne lui a donné que douces joies et bonnes consolations ? Impeossible de ne pas s'attacher vivement à cette angélique créature que le ciel semble avoir prêtée à la terre pour quelque temps et que la terre rend au ciel comme sa propriété.

... « Ce qu'il ne faut pas faire attendre, c'est la précieuse grâce que vous procure cette chère Juliette par la pressante invitation à vous sanctifier *de la bonne manière*, en vous dégageant de vous-même et des créatures, pour ne vivre qu'en l'amour de Notre-Seigneur, non en imagination mais en *vérité*. Tout le reste n'est *rien*.

« Continuons à louer le Seigneur de sa miséricorde et de sa magnificence, ma chère Fille, Juliette nous aidera à relever nos cœurs ; elle nous invite constamment à ne vivre que pour l'éternité. »

La dernière année du gouvernement de la révérende Mère allait commencer :

« Vous savez, écrivait-elle à M. Guillermard en lui offrant ses vœux de nouvel an, vous savez que, en août 1892, je dois déposer le fardeau de la supériorité : cette fois, c'est sans l'ombre d'un doute. Je me prépare donc à la retraite et tâche de me mettre dans un complet abandon. Ce qui me coûterait le plus serait de voyager encore, mais il vaut mieux ne pas faire de restriction dans le don de soi-même. Vous voudrez bien demander pour moi les grâces dont j'aurai besoin à l'heure de la solitude morale. Par moments, cela me paraît étrange ; d'autres fois j'y trouve une sainte douceur... Rien n'aide à se dépouiller de l'humain comme de passer du premier rang au dernier.

« Nos Mères unissent leurs souhaits aux miens pour que cette année vous soit douce et saintement féconde. »

Trois mois ne s'étaient pas écoulés que la Mère Vignon recevait, d'une manière tout à fait inattendue, l'annonce de la mort de ce saint prêtre.

Dans la dernière lettre écrite à ce bienfaiteur de son âme, elle lui avait dit à propos de deuils récents :

« Je souffre des vides qui se sont faits dans les rangs de vos dignes amis et j'appelle les divines consolations pour les combler tous. J'ai vite compris que vous y reconnaissez la main de la Providence, et que votre foi vous transporte dans la cité permanente où se trouveront tous ceux qui se sont saintement aimés ici-bas. »

Par ces lignes se ferme la précieuse correspondance où nous avons puisé les notes les plus intimes sur la vénérée Mère. Les sentiments qu'elle prête au saint vieillard déjà près de la tombe sont bien ceux qu'elle a dû éprouver elle-même en le perdant. Elle n'en a parlé que pour recommander son âme aux prières de la Communauté mais jusqu'à la fin, elle a gardé intacte cette fidélité au souvenir, qui était un des traits les plus délicats de sa riche nature et qui alimentait sa reconnaissance en la faisant remonter à Dieu.

La révérende Mère fit rapidement ses dernières visites de maisons au printemps de 1892. Elle laissa partout une impression de sécurité, de paix et d'abandon à la conduite de la Bonté divine sur la petite Société.

Elle écrivit à une amie de Nazareth : « Attendez comme nous avec une parfaite tranquilité et recevons notre Elue avec la confiance que doit inspirer l'Elue du Seigneur. »

C'est dans ces sentiments qu'elle accueillit les Mères venues pour le Chapitre, montrant à toutes cette affection cordiale, ce dévouement sans bornes qu'elle avait mis au service de la Société pendant les vingt années de son généralat et qui devaient l'animer encore jusqu'au dernier soupir de sa vie.

CHAPITRE VIII

Le 17 septembre 1892, la Mère Vignon arrivait à Boulogne comme supérieure. Elle se retrouve en pays connu et aimé. Le temps de son généralat ne l'a pas fait oublier ; son bonheur d'y revenir est visible et l'accueil préparé montre assez combien son « vieux Boulogne » garde la mémoire du cœur.

Si son titre de supérieure générale avait inspiré un sentiment de respect mêlé d'une certaine crainte, cette dernière impression disparut vite devant sa bonté si simple et si cordiale et tous les témoignages de son maternel intérêt. On la sentait déchargée d'un grand poids, toute prête à se dévouer et à se dépenser encore pour sa famille religieuse dans ce champ de son premier apostolat, en partie renouvelé.

Car, parmi ses relations d'autrefois, l'éloignement ou la mort avaient fait bien des vides. Que de tombes s'étaient ouvertes pendant ces vingt années ! Mais la bonne Mère allait voir revivre dans leurs filles des mères qu'elle avait élevées. C'était une consolation pour elle de réunir encore ses chères anciennes, ses bonnes Enfants de Marie, comme aussi de trouver en communauté au milieu de vénérables doyennes, colonnes de la maison, de jeunes religieuses dont elle avait suivi le développement depuis leur temps de pensionnat jusqu'à leur dernière probation.

« Avez-vous été mise au courant de nos grandes assises d'août ? écrivait-elle à une de ses premières boulonnaises en lui annonçant son changement de résidence. Vous ne connaissez pas notre nouvelle supérieure générale qui, après avoir été ma fille pendant vingt ans, est devenue ma mère et à ma grande satisfaction. C'est la Mère X..., ancienne élève d'Oullins et qui m'a été présentée comme prétendante le jour même de mon élection. Elle avait alors vingt ans de sorte qu'elle a eu juste la quarantaine, âge canonique pour cette lourde responsabilité. Elle était supérieure de Reims où elle a laissé beaucoup de regrets. »

Aussitôt arrivée la Mère Vignon se mit au courant des moindres détails de sa charge ; si le personnel lui était bien connu de même que l'état et le fonctionnement des divers offices et emplois, les relations nouvelles avec l'extérieur lui furent plus difficiles, car le pensionnat était nombreux et elle tenait à se rendre compte de tout pour ne rien ordonner ou conseiller au hasard.

Un champ encore vaste s'ouvrait à son zèle, mais les épines y croissaient et la bonne Mère, sans qu'il y parût au dehors, marchait vraiment dans la voie royale de la Croix. Elle connaissait cette route douloureuse où l'âme laisse à la suite du divin Maître, des traces sanglantes mais fécondes. Sans avoir à le redire et moins encore à l'expliquer, nous verrons dans la suite des années qu'il lui reste à parcourir, le rôle que la souffrance sanctificatrice jouera dans cette vie, souffrance intime du cœur qui ne se trahit pas mais se laisse deviner, surtout à une manière délicate et toute surnaturelle de comprendre les autres et de les consoler.

« Je veux répondre joyeusement à vos vœux que vous avez rendus aussi joyeux que possible, écrit la Mère Vignon, après une visite d'adieux manquée et, pour cela il faut suivre les bons conseils du Père de Ravignan : «*Sursum Corda* ! Elevons nos cœurs, courage, marchons avec confiance et joie. La vie s'écoule, nous approchons de l'éternité ; hâtons-nous d'achever notre grande tâche, c'est l'unique nécessaire. Je suis pénétrée de ces grandes vérités dans le moment où le bon Dieu nous sépare plus tôt que je ne pensais. C'est Lui qui le veut, tout est dit. Nous retrouverons surabondamment là-haut tout ce que nous aurons donné au bon Maître : Il ne nous appauvrit que pour nous enrichir.

« Je vous jette en passant cette bonne pensée de Mme Louise de France : « Le secret d'adoucir tous nos sacrifices est de nous occuper beaucoup moins de ce qu'ils nous coûtent que de ce qu'ils nous valent. » Patience donc, au jour le jour, à l'heure, à la minute. Ne regardons que le présent, et ainsi nous atteindrons le terme. Allons au ciel à tous les instants de notre vie. »

Ce que la Mère Vignon enseignait à une femme du monde, elle-même le pratiquait à la lettre, « laissant passer, laissant tomber », selon son expression familière, ce qui l'atteignait personnellement et se donnant sans réserve à l'œuvre qui lui était confiée. Elle voyait à tout, s'intéressait à tout, soutenait et encourageait toujours. Les détails de l'économat, de la dépense ; les études des enfants, leur avancement ; le travail des maîtresses, leurs difficultés ou leur succès, rien ne lui échappait.

On connaît déjà son respect pour les âmes : elle laissait la confiance bien libre, mais elle ne la repoussait pas. Au contraire, à la première ou_ verture ou à une demande de conseil, elle répondait d'une manière si claire qu'on se sentait comprise et on emportait une impression de paix et de joie.

Aux Sœurs converses, dont les emplois sont parfois si pénibles et assujettissants, elle témoignait une bonté toute spéciale.

Que dire du charme des récréations ! La Mère Vignon avait beaucoup vu, elle avait beaucoup à raconter et elle racontait à ravir. Puis elle aimait à réveiller les souvenirs et à exciter la verve des Mères anciennes pour l'édification et la joie générale. C'était une animation pleine de gaîté qui détendait les esprits et dilatait les cœurs.

La première à tous les exercices, inspirant par son exemple l'amour de la règle, elle ne souffrait pas qu'on y manquât et reprenait toutes les infractions, selon leur nature, avec une persévérante énergie.

Les fautes contre la charité la trouvaient impitoyable ; elle arrêtait d'une parole sévère quiconque s'oubliait devant elle. Sur ce point sa délicatesse de conscience était extrême.

Une autre vertu à laquelle elle attachait une grande importance était la pauvreté. Elle tenait cependant à faire comprendre que si ce premier vœu impose des privations et de la gêne, il n'autorise nullement la négligence. Tout dans la maison devait être bien fait et convenable, les malades soignées selon leurs besoins. Sous ce rapport, on peut justement lui reprocher d'avoir eu deux poids et deux mesures car, ennemie déclarée de tout ce qu'elle considérait comme superflu, elle n'acceptait pour son usage que le strict nécessaire et portait souvent à l'excès le dégagement d'elle-même.

Nous avons déjà vu la Mère Vignon dans ses rapports avec le pensionnat pendant son premier séjour à Boulogne. Dans cette seconde période, elle se montra plus maternelle encore, s'il était possible, employant toutes les ressources de sa longue expérience, toutes les forces de son intelligence et de son cœur à procurer le bien des enfants. Ce fut un bonheur pour elle de redevenir maîtresse de classe malgré les occupations de sa charge.

Sa vigilance pour préserver les âmes de toute erreur ou influence dangereuse lui inspirait des mouvements de sainte indignation. Après avoir parcouru certains ouvrages jugés utiles pour la préparation au brevet supérieur, elle dit un jour à la maîtresse qui les lui avait soumis :« Non, mille fois non, ma fille, nos enfants ne se serviront pas de ces livres. Plutôt les exposer à un échec que de mettre ce poison entre leurs mains ! » Les livres suspects furent mis de côté et le résultat des examens n'en souffrit nullement.

Sur ce sujet, la Mère écrivait à une ancienne

BOULOGNE — Façade d'entrée

élève devenue institutrice en pays étranger :

« Je vois que vous assistez de loin, ma chère L. à la décadence de notre malheureuse patrie. C'est bien l'enfer qui souffle ce vent de destruction. Je me rends compte du poison que l'on infiltre sous le nom de *science*. Que d'insanités et de stupidités sous des mots ronflants ! C'est bien toujours la promesse de Satan en « présentant le fruit de l'arbre de mort. » Hélas ! on s'y laisse prendre encore, comme Eve dans le Paradis terrestre. Réagissons le plus que nous pourrons en enseignant la vérité. On a beaucoup à faire pour suivre l'ennemi et prémunir la jeunesse contre tous les mensonges qu'elle entendra, mais il ne faut pas se lasser ni craindre le travail. »

Après le bien moral des enfants, leur santé était l'objet de sa vive sollicitude. Une pensionnaire souffrait d'un mal dont les proportions devenaient inquiétantes. Le médecin jugea une opération nécessaire et parla de la faire à sa clinique. « Non, dit la bonne Mère quand il fut parti ; jamais on ne vous touchera loin de moi. S'il faut vous opérer, cela se fera ici ; je veux être auprès de vous pour vous assister. »

Il fallait la voir au chevet de ses religieuses. Elle prenait chaque jour le temps de les visiter, même s'il s'agissait d'une indisposition passagère. Si elles étaient sérieusement atteintes, sa sollicitude ne connaissait plus de bornes. Elle avait une sorte d'intuition de ce qui pouvait leur nuire : son horreur naturelle pour les remèdes violents la fit plusieurs fois s'opposer énergiquement à leur administration et elle eut raison contre les maîtres de la science.

A la mort d'une de ses filles, sa douleur était profonde : c'était vraiment un cœur maternel frappé dans ce qu'il a de plus cher. Elle semblait ne pouvoir s'éloigner de la dépouille mortelle ; elle priait longuement à ses côtés et on la voyait encore auprès du cercueil, recommandant à Dieu l'âme qui avait paru devant Lui.

Ce n'était pas seulement pour les religieuses de sa maison que la bonne Mère éprouvait ces sentiments : chaque nouveau vide dans la Société lui causait une peine très sensible.

Dans les premiers jours de 1895, la Mère Vignon fut appelée par la révérende Mère générale pour l'accompagner à Rome à l'occasion de l'approbation définitive des Constitutions de Nazareth. Elle avait si longtemps travaillé à cette œuvre fondamentale pour toute société religieuse !

Les Mères restèrent à Rome une quinzaine de jours. La Mère Deschamps avait succédé à la première supérieure de la maison des Prati : elle était tenue en haute estime par la Mère Vignon pour ses vertus religieuses, sa grande bonté et ses qualités administratives, aussi la rencontre fut-elle très cordiale des deux côtés mais le rôle de l'ancienne supérieure générale devait naturellement être assez effacé.

Le 5 février, elle revint à Boulogne où la Mère de Bellefonds l'avait remplacée pendant son absence.

Le système de la spoliation, élaboré en France depuis une quinzaine d'années contre l'Église, se poursuivait à ce moment avec une implacable ténacité. Les décrets d'expulsion de 1880 n'avaient réussi qu'à demi ; les Congrégations de femmes avaient été épargnées. La loi d'association du 15 septembre de la même année avait attribué à toutes les Associations religieuses un revenu imaginaire pour permettre au fisc de prélever sur leurs biens un impôt réel.

Non contents de l'œuvre déjà accomplie, les sectaires avaient décidé à nouveau en 1893 l'écrasement du catholicisme « la supression pure et simple des Congrégations » par « le retour de leurs biens à la nation. »

Enfin, en 1895, la loi dite d'*abonnement* inventait un héritage fictif à chaque décès pour mieux accentuer, en l'aggravant, la réalité de l'impôt. Quant aux Congrégations non autorisées, on leur donnait à choisir entre la dissolution et l'exil.

La Mère Vignon écrivait après le vote de cette dernière loi par le Sénat :

L'ère des persécutions est ouverte contre les

Congrégations. Nous attendons le mot d'ordre, espérant qu'on s'unira pour la résistance passive. Il ne faut pas s'étonner de voir ces orages gronder contre les ordres religieux. L'histoire nous dit qu'il en a toujours été ainsi de distance en distance. Le bon Dieu se sert quelquefois des hommes comme de fléaux pour maintenir la vigueur dans ses élus et leur faire pratiquer la vertu. »

Malgré cette manière toute surnaturelle d'envisager les évènements, la bonne Mère en souffrait intimement comme religieuse et comme Française.

« Avez-vous suivi la grave question de la loi d'*abonnement* ? écrivait-elle. Le diocèse de Lyon est un des plus vigoureux pour la lutte et j'en suis fière. La « Croix de Paris » a mené et mène encore une belle campagne. Ce n'est pas faire de la politique car il s'agit de la persécution religieuse à *boulets rouges.* Tout a été prédit par Notre-Seigneur. Prions et espérons que, si nous sortons de la bataille plus dépouillées, nous en sortirons plus fortes. »

Au mois de novembre, à l'approche de la fête de l'Immaculée-Conception, sa confiance semble augmenter encore :

« Nous sommes entre les mains de la franc-maçonnerie extérieurement mais, au fond, entre les mains de Dieu et tout va toujours bien pour ceux qui veulent le servir.

« Je vais essayer de me mettre en retraite ce soir : peut-être le fisc me fera-t-il sa visite pendant mes jours de solitude ?... Je compte sur le Saint-Esprit pour me dicter ma réponse. Oh ! comme on voit clairement la lutte de l'enfer contre le ciel, de Lucifer contre Notre-Seigneur et Sauveur, d'autant plus aimable qu'on s'acharne plus contre Lui ! »

Chacune de ces constatations était suivie d'actes de foi, d'espérance et d'amour. Tels étaient les sentiments que la Mère supérieure inspirait autour d'elle, tout en se disposant à lutter vaillamment, selon les directions de l'obéissance, pour défendre les intérêts commis à sa garde.

En attendant la crise finale qu'elle était encore loin de prévoir, la Mère Vignon continuait son œuvre avec d'autant plus d'énergie qu'elle était plus frappée des malheureuses tendances du jour.

« Ne vous étonnez pas, écrivait-elle à une ancienne élève, institutrice dans un grand pensionnat ; ne vous étonnez pas si les caractères sont amoindris. Partout on fait la même remarque. Comment rendre de la vigueur aux volontés? Je suppose que vous êtes aux prises avec la même difficulté : absence de ressort. Ne vous découragez jamais ; il viendra un moment où, désabusées des faux plaisirs, les pauvres enfants se souviendront de vos leçons. »

On trouve dans les lettres de la Mère Vignon à cette époque, les marques du vif intérêt qu'elle portait à la maison de Rouen, arrivée à la seconde année de sa fondation.

Elle avait, en vraie grand'mère, fourni les premières confitures et une provision de fruits, au goût exquis des produits de « chez nous », avec un pot de beurre des Moulineaux auquel on attribua la vertu du vase d'huile de la veuve de Sarepta.

La bonne Mère se réjouissait des détails qu'une ancienne enfant de Boulogne lui donnait fidèlement pendant ses visites en Normandie.

« Je sais, lui répondait-elle, que tout va *crescendo* chez ce dernier né, si bien que les aînés ne seront plus auprès de lui que des infiniment petits. Bénissons Dieu de tant de faveurs ! »

Quelques mois après, elle disait agréablement :

« La petite Normande grandit : on dirait même qu'elle met déjà ses dents de sagesse tant elle se développe raisonnablement ! » Et elle faisait suivre ce compliment d'un don généreux pour la nouvelle chapelle.

L'année 1897 devait être marquée par les Noces de diamant de Nazareth et par un chapitre qui amènerait la Mère Vignon à Oullins. Le voyage entrevu la rapprocherait pour un moment de sa famille mais elle ne pouvait espérer voir sa mère qui entrait dans sa 90e année. L'éloignement de sa fille en 1892 avait fait saigner le cœur de cette pauvre mère dont la vieillesse encore belle n'était pas consolée par la pratique des devoirs religieux. Cependant, il y avait un pas de fait vers le retour : depuis deux ou trois ans, son curé la visitait de temps en temps et elle le recevait volontiers, tout en restant dans les limites de la politesse. La Mère Vignon espérait que ce bon prêtre pourrait se présenter en ami au premier signal : « Aidez-nous toujours par vos prières, écrivait-elle, pour obtenir *toute la conversion*. Ma mère n'est pas incrédule, mais il y a si longtemps qu'elle ne pratique plus ! »

La vénérable nonagénaire mourut le 20 février, heureusement entourée des secours de la religion. Sa fille, qui avait passé par toutes les angoisses pour cette âme fermée aux choses du ciel, éprouva une sorte de repos à la sentir en sécurité dans le sein de la miséricorde divine. Elle répondit aux condoléances par d'instantes demandes de prières.

Souvent elle avait été effrayée à la pensée de suivre l'exemple de longévité que lui donnait sa mère mais cette crainte était alors dissipée et elle écrivait à la seule survivante de ses amies d'enfance qu'elle croyait « à une assez proche destruction de sa pauvre machine. »

Il lui restait encore à travailler pour les âmes, à souffrir et à mériter.

Les noces de diamant, célébrées avec grande solennité à la maison-mère, eurent à Boulogne un cachet tout particulier d'intimité et de simplicité, comme l'écrivait la Mère Vignon.

« Pieuse fête du 3 mai improvisée avec les souvenirs du *bon vieux temps*. Les chères anciennes, convoquées de 3 heures à 6 heures pour salut et petite réunion ont tenu à être nombreuses.

Et dans une autre lettre : « J'ai reçu un compte-rendu complet de la belle fête du 3 (à Oullins) et je suis contente qu'I. ait pu y prendre part. Je me demande si elle y a trouvé bon nombre d'élèves de son temps. Tout s'éloigne et se disperse avec les années mais ce mouvement rétrograde n'est qu'une apparence. En réalité, Dieu travaille sans cesse à nous réunir pour toujours. Ne soyons donc occupées qu'à aller constamment à Lui puisque c'est en Lui seul que nous pourrons nous rencontrer à tout jamais. Ces pensées sérieuses se présentent naturellement lorsque les ans s'accumulent sur notre tête ou que les épines de la vie se font sentir plus douloureusement. »

La réunion du chapitre restreint en août 1897 donna à la bonne Mère de nouvelles occasions de le constater. Il lui était toujours très doux de revoir les Mères et les Sœurs qui lui conservaient une si légitime et respectueuse affection et elle trouvait, dans les âmes qui restaient le plus unies à la sienne, le même sentiment de l'instabilité des choses humaines et du néant de ce qui passe. On aimait à la consulter et à s'inspirer de ses pensées.

La Mère Vignon avait quitté Boulogne sans être sûre d'y revenir ; elle ne cacha pas sa joie au retour. Dans son désir de se rendre utile le plus possible , et quoique encore assez vaillante elle pouvait, à l'approche de sa 70e année, redouter une transplantation. Son âme était pourtant prête à tous les sacrifices.

« C'est un privilège pour les supérieures d'être ballottées à tout âge, écrivait-elle, tandis que des mères moins anciennes sont installées à perpétuité. Bénissons le Seigneur de tout puisque son plan doit nous conduire au ciel. »

On s'occupait beaucoup depuis quelques mois d'un livre ayant pour titre : LES RELIGIEUSES EN-SEIGNANTES ET LES NÉCESSITÉS DE L'APOSTOLAT, où Mme Marie du Sacré Cœur répandait avec grand éclat ses théories sur l'éducation des jeunes filles. La Mère Vignon avait sur ce point des idées et des principes très justes, se tenant, comme en toutes choses, dans la modération qui était une des marques de son esprit.

Quelle que put être l'utilité, d'ailleurs très

contestable, de l'Œuvre proposée dans cet écrit, la digne Mère, parfaite éducatrice elle-même et religieuse avant tout, trouvait le livre perfide, venant d'une telle plume et à un tel moment. Consultée par une mère de famille, elle lui avait répondu :

« A mon avis c'est un mauvais ouvrage et il manque un grain de bon sens dans ceux qui, *de bonne foi*, l'ont préconisé. Mais le bon sens pratique n'est pas commun et des hommes intelligents et bien intentionnés en manquent parfois. Pour combattre un excès, — ici gratuitement supposé, — on tombe dans un excès contraire dont le résultat est pire que ce que l'on voulait corriger. Il y aura sûrement réaction contre le pédantisme féminin. »

Si l'absence de correspondance intime et personnelle ne permet plus de suivre la Mère Vignon au milieu des vicissitudes de sa vie ordinaire, elle se peint dans les conseils qu'elle donne à ses anciennes enfants, aux prises avec les réalités douloureuses de l'existence, et révèle ainsi le fond habituel de ses propres pensées.

« Le temps, la fièvre, les occupations, quelque chose qui toujours appelle, toujours pousse, toujours presse, voilà ce qui m'empêche d'aller à vous, ma bonne M. Peut-être serai-je beaucoup plus libre l'année prochaine car voilà six ans que je suis à Boulogne, c'est le signal d'un changement de résidence ; ce pourrait bien être celui d'un changement d'occupations car à mon âge on ne fait guère de nouvelles connaissances et je produirais comme supérieure un singulier effet sur un public nouveau... Je me tiens prête à tout évènement. Il est temps de penser au grand voyage de l'éternité et ce sera une grâce pour moi que *la retraite*, si elle m'est donnée sans être demandée.

« Je vous ai souhaité une vraie bonne année dans le divin Cœur, armée de grâces et de fidélité. Le regard du bon Maître continuera à tomber sur vous avec amour : puissiez-vous le rencontrer souvent et le reconnaître toujours ; lisez-y une tendre prédilection et comprenez ce qu'il vous dit en se donnant pour exemple. Les joies éternelles sont, sans comparaison, préférables aux plaisirs de la terre et elles s'achètent par les souffrances passagères de cette courte vie.

« Je vous remercie de vos bons souhaits, ma chère M. ; je serais en peine de dire ce que je désire ici-bas pour ma pauvre personne : j'appelle la grâce divine et je voudrais qu'elle ne fût pas stérile en moi, mais... mais... que d'obstacles au règne du surnaturel ! Il n'y a qu'à se confier en la divine miséricorde ! »

A la manière dont la Mère Vignon touchait à certaines blessures pour les adoucir et essayer de les rendre méritoires, il semblait qu'elle les eût ressenties elle-même :

« Le temps marche et nous emporte. A-t-il calmé votre indignation, chère Ancienne ? J'aurais voulu être près de vous pour vous dire : Ce déboire, cette indélicatesse, en brisant ici-bas le pauvre cœur humain prépare la couronne du ciel. Vous savez bien, ma bonne M. qu'il est malheureux de recevoir sa couronne en ce monde et que le divin Modèle a voulu être abandonné de tous sur la croix... Je remarque aussi ce délaissement dans la vie de tous les saints : c'est dur mais c'est bon, avantageux ; aussi je veux croire que depuis longtemps le calme s'est fait dans votre cœur et que le Saint-Esprit vous a fait comprendre combien il est bon d'être uni aux souffrances de notre doux Sauveur. »

Quelle bonté, quelle compassion et quelle vraie affection dans cette lettre adressée plus tard à la même personne !

« Vous m'attendez pour le 15 août et vous avez, raison ; je ne saurais ni ne voudrais oublier que portant le plus aimable des noms, vous êtes sous le plus précieux des patronages. Si je vous vois, très modeste fleur, humide de pleurs aux pieds de la Sainte Vierge, je vois aussi son regard tomber sur vous avec une toute maternelle tendresse et je l'entends vous dire : « Bienheureux ceux qui pleurent parce qu'ils seront consolés ! »

« Ce n'est pas une invitation à la tristesse, ma chère M. c'est la pensée du ciel qui vous est offert comme un grand réconfort, un précieux cordial, une vision déjà béatifique qui apaise toutes les douleurs présentes en faisant entrevoir les joies éternelles. Je fais des vœux pour que le ciel vous apparaisse dans toutes vos peines et difficultés. »

Cette date du 15 août donnait à la Mère Vignon l'occasion d'écrire de bien douces et saintes choses.

« Je vais peut-être faire un circuit avant de vous arriver et je tiens à ce que ce soit avant le 15, jolie fête qui m'unira aux vœux de vos chers enfants pour remercier et demander. Nous rendrons grâces pour tout *le passé*, sans la plus petite exception car tout a été voulu ou permis pour votre plus grand bien, et si nous effacions certaines pages de votre vie, pages douloureuses qui vous ont fait gémir en exerçant votre patience, du même trait nous effacerions les plus méritoires et les plus glorieuses de votre histoire.

« L'action de grâces pour le passé est accompagnée d'une ferme et douce confiance pour l'avenir. Si nous voulions à tout prix les prospérités humaines, nous pourrions appréhender des mécomptes, mais à tout prix nous voulons le ciel pour nous et pour les nôtres. Ce but se dessine d'autant mieux qu'il y a bien des ombres et même des vides dans ce qu'on appelle le bonheur humain : je n'en suis que plus assurée du bonheur éternel. »

Pénétrée de ces pensées, la Mère Vignon, malgré la vieillesse qui se trahit par quelques infirmités, est constamment à son poste et fidèle à son devoir. Elle sera prête quand l'ordre lui en sera donné, à accepter une nouvelle supériorité, en pays étranger, dans une situation difficile.

A la Mère Deschamps, très appréciée au dedans et au dehors, avait succédé, dans le gouvernement de la maison de Rome, une ancienne Mère remarquable par ses états de service sous le généralat de la Mère Helot. Affaiblie par l'âge, elle avait été pendant la seconde année de son administration, menacée de paralysie et obligée d'aller se reposer à La Croix, sur la Côte d'Azur. En attendant qu'elle pût être remplacée, chose difficile au milieu d'une année scolaire, la communauté souffrait sans doute, mais l'effet produit au dehors était plus grave encore. Le nombre des élèves diminuait malgré tous les efforts des maîtresses pour maintenir les études.

La révérende Mère générale sentit la nécessité de prendre une mesure sérieuse : pour sauver le Nazareth romain il fallait la tête et le cœur de la Mère Vignon. Elle avait créé cette maison dix ans auparavant et l'avait soutenue au prix de bien des souffrances. Il lui appartenait de la relever.

Elle annonça elle-même son départ à ses filles. Ses dernières paroles à la communauté réunie furent une leçon d'obéissance en même temps que d'amour et de dévouement à notre petite Société et un rendez-vous au ciel.

La rapidité des évènements ne permit pas à ses fidèles Anciennes de lui faire leurs adieux. Quelques lignes écrites par l'une d'elles rappellent le bien accompli et le vide que laissait ce départ :

« Au sujet de notre vénérée Mère Vignon, il est un point qu'il m'est réservé de toucher car je le connais bien. Je veux parler de ce cœur vraiment maternel s'ouvrant tout entier pour abriter les souffrances de celles d'entre nous que l'épreuve frappait au cours de la vie. Combien voudraient proclamer avec moi sa bonté, sa délicatesse, sa compassion ! Et quels sages conseils, quels encouragements, quel appui nous trouvions toujours auprès de cette Mère qui ressentait si vivement nos peines ! Ah ! ses anciennes lui gardent — et je suis heureuse de joindre ici leur témoignage au mien — un sentiment de reconnaissance qui durera plus que la vie pour nous élever avec elle jusqu'à Dieu.

« Son œuvre n'était pas de la terre elle a semé pour l'éternité. »

CHAPITRE IX

LA MÈRE VIGNON SUPÉRIEURE DE LA MAISON DE ROME

Une partie de la communauté de Rome avait passé les vacances à La Croix (Var) après l'année d'épreuves dont nous avons parlé.

« Je n'oublierai jamais notre joie, écrit une des religieuses, lorsque, à notre retour, nous trouvâmes la Mère Vignon nous faisant l'accueil le plus maternel. A notre cri spontané : « Ma Mère que nous sommes heureuses de vous avoir pour supérieure ! » elle répondit : « Mes chères filles, je ne suis pas moins contente que vous, j'arrive avec un cœur et une volonté décidés à employer pour votre bien toutes les forces qui me restent, mais j'ai grand peur de vous être à charge au lieu de vous être utile car je ne suis qu'une ruine. »

La bonne Mère se trompait. Quoique la chaleur fût accablante en ce mois de septembre, son vigoureux tempérament prit le dessus et, au moment de la rentrée, elle paraissait toute rajeunie et pleine d'espoir pour le pensionnat.

« Je puis en toute vérité vous rassurer sur mon compte, écrivait-elle le 2 octobre. Je suis aussi bien qu'à Boulogne et me mets à mes nouvelles fonctions avec l'entrain... qu'on peut avoir à mon âge. Merci du Journal LA CROIX : c'est du luxe dans cette grande maison qui se ressent du luxe apparent et de la misère réelle du pays. Ne faites rien pour m'envoyer ce journal. L'ECHO DE FOURVIÈRE nous tient suffisamment au courant des tristes évènements de notre pauvre France et, puisque me voilà à Rome, je donne tout le temps dont je puis disposer à l'étude de l'italien. Merci donc pour LA CROIX, ma chère M., ma reconnaissance est aussi grande que si je l'avais sous les yeux. »

La Mère Supérieure se mit en effet à apprendre la langue avec un zèle, une application et une constance admirables.

« L'ignorance de la langue est une grosse difficulté, disait-elle ; j'en prends mon parti et j'ÉTUDIE, non pour arriver à écrire mais pour essayer de parler et de comprendre. Dieu ne demande pas l'impossible. Donnons-lui à chaque instant ce qu'Il réclame, c'est le bon moyen de rendre notre année féconde. »

Dans ce but, elle se faisait l'élève d'une de ses

filles pour apprendre les éléments de la grammaire et bientôt pénétra les beautés de la littérature italienne.

Elle s'était mise aussi, dès son arrivée, au courant des programmes officiels. Elle en saisit vite la clé, rendant justice à ce qu'ils avaient de bon sans permettre à son jugement de se laisser égarer par des idées préconçues ou des comparaisons défavorables. De sorte qu'on pouvait toujours la consulter, sans crainte de se heurter à un parti pris.

Dans les séances mensuelles ou trimestrielles que la Mère supérieure préside, elle aimait à avoir sous les yeux les morceaux de prose ou de vers appris par les enfants et, à la fin de chaque récitation, elle montrait par un mot toujours bon et encourageant qu'elle savait à la fois juger l'œuvre et en apprécier le débit.

La Mère Vignon avait le grand art de louer à propos sans prodiguer les louanges. Elle découvrait le bien partout et n'acceptait pas les critiques de nationalités ; aussi inspirait-elle à ses filles cette largeur de vues si nécessaire en pays étranger. Avec son tact parfait, relevé par l'esprit évangélique et apostolique, elle se plaisait à énumérer les avantages de Rome, les qualités des familles romaines.

Elle poursuivait avec la même ardeur la formation religieuse des personnes de sa communauté. La vie commune, « sans exemptions ni privilèges », était la grande mortification qu'elle pratiquait avec vigueur et qu'elle voulait, autant que possible, faire pratiquer de préférence.

« Craignez toute habitude prise en dehors de la règle » répétait-elle souvent.

On a toujours remarqué son attention, même minutieuse aux moindres détails de la pauvreté et cet esprit de foi qui la portait à recevoir chaque chose et à en user comme le pauvre qui doit tout à la charité.

La maison de Rome — personne ne le savait mieux que la Mère Vignon — avait une dette immense envers la Société ; la délicatesse faisait donc une obligation de cœur de veiller à la pratique de la pauvreté là plus encore qu'ailleurs, s'il était possible.

Cette pratique a pu paraître extrême dans quelques circonstances : c'est pourtant grâce à cette attention aux moindres détails et à cette vigilance continuelle que la Mère Vignon a pu, non-seulement améliorer mais établir le temporel de la maison des Prati. Elle n'a jamais permis qu'on y manquât du nécessaire et il est juste de reconnaître que, si après son départ, on a pu y faire des constructions et des améliorations fort utiles, c'est que sa bonne gestion en avait préparé les moyens.

L'année 1900, année fin de siècle et année

jubilaire, fut féconde en évènements. Bien des grâces tombèrent sur le monde, bien des actes généreux furent offerts à Dieu pour apaiser sa justice, bien des victimes réparatrices s'immolèrent sur l'autel du divin Amour.

On vit accourir à Rome des fidèles de tous les pays, pressés de profiter des grandes indulgences et de témoigner leur vénération et leur amour filial au Vicaire de Jésus-Christ.

Ce pieux élan amena au Nazareth des Prati quelques visites bien chères à la Mère Vignon.

« Est-il besoin de vous dire, écrivait-elle après ces doux revoirs, que nos Boulonnaises ont été un rayon de soleil pour mon cœur ?

Vraiment la Providence a été bonne de faire coïncider ma première année à Rome avec *l'année sainte* !

« Nous avons causé de toutes et de chacune avec C. et L. Elles ont fait ici une très bonne impression. Peut-être aurais-je pu retarder leur départ de quelques jours mais c'eût été par pure jouissance personnelle et ma conscience repousse ce genre de satisfaction, laissant à la Providence le soin de me donner ce qu'elle juge bon. »

C'est vers ce moment que commencèrent pour l'Italie et pour Rome en particulier une série de calamités que les superstitieux appelaient « les malheurs apportés par l'année sainte. » Les bons catholiques y voyaient la main de Dieu vengeant les crimes du XIXe siècle.

Au mois d'août l'assassinat du roi Humbert jeta la consternation dans toute la péninsule et fit craindre quelque mouvement révolutionnaire.

Les grandes funérailles étaient à peine terminées qu'un accident de chemin de fer plongeait dans le deuil plusieurs familles connues. Puis une grêle épouvantable fondait sur Rome et les campagnes environnantes. Une pluie persistante lui succéda achevant de dévaster les moissons, tandis que l'humidité amenait la fièvre et son cortège.

Et voilà que les eaux du Tibre se mirent à monter, au grand effroi de la population. Les petites externes arrivèrent un jour avec cette nouvelle : « Il n'y a plus que quelques centimètres avant que l'eau couvre les ponts ; la partie basse de la ville est envahie ; le Panthéon a déjà un demi-mètre d'eau. »

Les fondements de la grande maison étaient si solides, les caves si bien construites qu'on croyait n'avoir rien à craindre. Le 27 novembre se promenant avec les deux religieuses libres pen-dant la récréation de midi et demi, la Mère Supérieure se dirigea vers les caves. Elle y trouva la sœur cuisinière toute pensive devant une une petite fuite d'eau qui, peu à peu, gagnait du terrain. Un sauvetage fut organisé et l'on procéda au déménagement des conserves pendant que les crieurs de journaux annonçaient au dehors un sinistre, puis un autre. Le Tibre, effrayant à voir, transportait avec une vitesse extraordinaire les débris des campagnes voisines.

Le 28, l'eau couvrait l'autel du Panthéon et s'y élevait à 5 mètres. Tout à coup, dans l'après-midi, le soleil reparut, la crue du fleuve s'arrêta puis le niveau baissa, baissa jusqu'à redevenir normal. Le fléau avait cessé aussi vite qu'il avait commencé. Marie Immaculée avait bien protégé la maison qui lui était si particulièrement consacrée.

L'Église ordonna des prières d'actions de grâces : la bonne Mère du Ciel avait sauvé Rome d'un péril imminent. Une grande digue, en s'écroulant, laissa la persuasion que l'inondation de 1900 dépassait celle de 1890 et déjouait tous les calculs humains.

Cette première année de supériorité de la Mère Vignon à Rome avait vu bien des changements et des améliorations. « Une main aussi modeste que généreuse avait répandu dans la communauté des dons qui rappelaient ceux des fées bienfaisantes : des meubles simples et tout à fait conformes au coutumier religieux prenaient mystérieusement leur place dans les cellules ; des objets de première nécessité se distribuaient dans les emplois ; chacune se trouvait en possession de ce qui lui manquait le plus et que la sainte pauvreté n'avait pas permis de se procurer encore.

A la chapelle apparaissaient de belles et grandes statues de la Sainte Vierge et de Saint Joseph et enfin, un ancien projet, longtemps entretenu par la bonne Mère, celui d'une école pour les petites filles pauvres des Prati, recevait un commencement d'exécution.

« Vous voilà bien loin de nous, mais toujours bien présente, écrivait la Mère Vignon à la chère bienfaitrice. Nous vous rencontrons partout sous la forme de la charité mais surtout, surtout à la chapelle : En contemplant les protecteurs de Nazareth il est facile de leur dire : Bénissez votre enfant et faites-la toujours croître en charité. »

En terminant cette année la bonne Mère était plus occupée que pendant les premiers mois de son séjour. Toujours impuissante à s'exprimer et à comprendre l italien *parlé*, elle l'avait assez étudié pour le lire et donner des cours de français.

« Je suis bien aise, écrivait-elle, de pouvoir employer « les restes d'une voix qui s'éteint, » comme dit Bossuet (sans comparaison). J'ai commencé ma vie religieuse par l'enseignement de la grammaire, je veux bien la terminer de même. » De fait, toujours désireuse de faire du bien, elle s'occupait ainsi de grandes jeunes filles italiennes, heureuses de s'instruire et de s'édifier à son contact. Comme il s'agissait surtout de causer, on abordait facilement des sujets d'actualité religieuse ou de littérature contemporaine et on pouvait ainsi réformer bien des jugements erronés, des appréciations fausses.

La Mère Vignon, dont l'esprit restait aussi actif, constatait que le travail lui devenait plus difficile et que la vieillesse faisait son œuvre. Voici comment elle en parlait à Mlle Charbelet qui lui avait annoncé la mort d'une amie de Bourgoin. Cette lettre est une des rares de cette époque où elle se laisse aller à un épanchement personnel.

Ma chère Amie,

« Non, je ne reçois pas le Nouvelliste et je suis tout émue de la nouvelle que vous me donnez. J'ai eu certainement *l'intuition* d'une mort qui m'intéressait sans pouvoir fixer un nom et, ce qu'il y a de curieux, depuis plusieurs jours j'étais pressée par l'idée d'écrire à mon ancienne amie, regrettant beaucoup de n'avoir pas essayé de vous voir toutes deux au passage, il y a un an, lorsque je suis venue à Rome. Mais tout s'est décidé et exécuté si vite que je n'ai pu vous avertir.

« Voilà la vie ! C'est bien un simple voyage : on fait route ensemble pendant quelque temps, on se sépare, on se retrouve par intervalles avec la rapidité de l'éclair et puis successivement nous disparaissons de la scène de ce monde. Il ne s'agit vraiment que de bien préparer notre entrée au Paradis, le reste... n'est rien, mais aide à notre sanctification. Depuis quelques années nos vides sont nombreux : Ranchin... Guillermard... Faulcon, voilà des noms chers à ma jeunesse et auxquels s'est toujours attaché un pieux et doux souvenir.

Quelle est celle de nous deux qui franchira la première le passage du temps à l'éternité, chère Amie ? C'est le secret du bon Dieu mais nous pouvons nous promettre de prier l'une pour l'autre à ce très grave moment. Je suis encore en activité de service, grâce à ma bonne santé et peut-être aussi à mon peu de mortification. Le difficile pour moi est l'étude d'une langue étrangère à 71 ans ! Si la mémoire n'est pas encore rebelle au travail du moment, elle a de la peine à garder les nouvelles empreintes. Je me souviens beaucoup mieux de ce que j'ai appris il y a 60 ans que des pages italiennes très bien sues il y a un mois... de plus l'oreille devient paresseuse à saisir les nuances *J'assiste* à cette lente destruction de moi et je suis touchée de la délicatesse avec laquelle mes filles essayent de me faire croire que j'échappe aux ravages du temps. Je veux en être reconnaissante mais *rester dans le vrai.* Comme je parle de moi ! Notre ancienne amitié laisse courir la pensée et la plume. »

Nous pourrons désormais demander à cette plume si fidèle le récit des évènements qui vont suivre avec les réflexions qu'ils suggèrent. Eloignée de toutes ses anciennes relations, la Mère Vignon éclairera, encouragera, fortifiera par ses conseils, consolera toujours, en apprenant à ses enfants à aimer avec elle la volonté de Dieu et à regarder le ciel au-dessus des tristesses de la terre.

« Le cœur a beau réclamer on est prié de le faire attendre, écrivait-elle dans le courant de janvier 1901. Ne nous plaignons pas, Dieu nous fait la part bien belle... comparée à tant d'autres qui gaspillent des heures précieuses. Oh ! je n'ai pas la prétention d'en faire un parfait usage. Quel compte à rendre à Dieu ! Frappons-nous la poitrine et surtout gardons une ferme confiance : humilité, courage, confiance. Les années passent sur notre tête et en passant elles inclinent le pauvre corps vers la terre, mais l'âme réagit en sens contraire et cherche à établir sa demeure dans la cité céleste.

« Lorsque nous serons à la dernière heure, la vie qui nous semble parfois si longue et si pesante nous apparaîtra comme un éclair. Sanctifions-nous et laissons passer les vanités de ce monde. »

« Les jours s'écoulent encore plus rapides en

apparence dans le nouveau siècle, écrivait la bonne Mère à une autre Ancienne, le 20 janvier, aussi ai-je de la peine à trouver le temps de répondre aux nombreux courriers qui s'accumulent dans mon casier. Autant que possible je donne la préférence aux *fidèles* du bon vieux temps dans lequel vous tenez une première place.

« Nos enfants (à Rome) sont intelligentes, élevées avec foi et piété, seulement, à mesure que l'on avance dans l'histoire, la politique s'en mêle et on a de la peine à concilier l'enseignement religieux avec le nouveau gouvernement. »

Ecrivant à une Lyonnaise, la Mère Vignon lui dit «J'entrevois un voyage à Oullins aux grandes vacances de 1902, mais où seront les communautés à cette époque ? Jamais nous n'avons eu un plus grand besoin de vivre au jour le jour, sans projets pour le lendemain. Le Sénat (23 juin) se hâte de nous exécuter et l'on se demande dans quel pays, sur quelle terre nous pourrons vivre, travailler et prier en liberté. Ce n'est ni en Espagne, ni en Portugal, ni en Italie. Les sociétés secrètes règnent dans tous ces pays catholiques, ayant juré d'anéantir l'Église. Vains efforts ! Mais il y aura des heures terribles à passer. Comptons sur le bon Dieu. La souffrance passe, le mérite demeure. »

« Tout est bien sombre, écrivait-elle le 30 juillet, et l'on se dispose à quitter nos grandes maisons. Espérons que l'exil sera seulement temporaire. Voilà où nous en sommes, gardant la confiance en des jours meilleurs ici-bas, et l'assurance que la croix mène au ciel. »

Et le 1er août, répondant à l'annonce d'une entrée en religion :

« Je ne plains pas votre parente de compter trois vocations religieuses parmi ses enfants, c'est bien une bénédiction... Et dans quel temps ! Nous voici en pleine persécution et tyrannie sous le beau nom de liberté. C'est l'année prochaine que nous devions nous revoir à Oullins mais où serons-nous d'ici là ? On regarde le Sacré Cœur et le ciel, on tâche de s'orienter pour sauver la barque du naufrage et l'on s'abandonne aux soins de la bonne Providence. Ah ! il y a là une rude épreuve pour celle qui tient en main le gouvernail ! Dieu l'a épargnée à ma faiblesse !

En envoyant quelques jours plus tard ses souhaits de fête à une enfant bien affligée elle termine ainsi son affectueux billet :

« Je voudrais que le 15 août *un rayon* je veux dire un *arc*-en-ciel se levât sur Nazareth pour réjouir votre pauvre cœur, celui de Notre Révérende Mère et de toutes nos autres Maries ! »

Le jour de la grande fête dans une lettre qu'elle rend aussi joyeuse que possible, elle donne quelques détails sur la villégiature où la communauté romaine passe le temps des vacances :

« Nous sommes ici au milieu d'une excellente population chrétienne et de mœurs patriarcales, tellement heureuse de recevoir des MONACHE qu'elle envahit volontiers notre domicile pour nous contempler à loisir. »

Le fait est qu'un dimanche, la Mère supérieure avait emmené la communauté dans un pré immense qui, disait-on, faisait partie de la propriété. Au bout de quelque temps, on s'assit en cercle autour de la bonne Mère pour écouter une lecture récréative.

Des paysans endimanchés, des paysannes aux costumes multicolores passaient sur la route pour se rendre à l'église. Apercevant des religieuses comme ils n'en avaient pas encore vu, ils ralentirent le pas tout en regardant puis, s'enhardissant peu à peu, franchirent le petit fossé qui bordait le chemin et vinrent tout doucement et dans un parfait silence se grouper derrière la communauté. La Mère Vignon qui lisait releva la tête et, étonnée de ce rassemblement inattendu, dit à une des religieuses : « Expliquez à ces braves gens qu'ils ne doivent pas rester ici : ... nous sommes des religieuses cloîtrées ! »

A ce message, les paysans se dirent entre eux : « Allons-nous en, la BADESSA (l'abbesse) dit qu'elles sont cloîtrées. » Et ils s'éloignèrent en s'inclinant avec respect. La Mère sourit et admira la soumission charmante de ces bons campagnards, reconnaissant, sur une simple parole, la clôture de cette communauté en plein air au milieu d'un champ de luzerne sans barrière.

Avec le 25 août revenait la fête de la Mère supérieure C'était une joyeuse étape pendant les vacances ; quand on était en France, une occasion d'affectueux revoirs et, de partout, venaient ce jour-là des témoignages de reconnaissance et des promesses de prières. Le courrier du 24 apporta de nombreuses lettres et, avec elles, la nouvelle du *fait accompli* : dispersion déjà commencée, déménagements, vente... et exil. Le lendemain, la Mère Vignon écrivait simplement :

« Le bon Dieu juge à propos de faire passer par de fortes épreuves tous les religieux et les religieuses car ceux qui sont restés en demandant l'autorisation ou cherchant à y échapper sont dans de pénibles alternatives. Il faut décidément acheter le ciel par bien des tribulations mais comme tout ce qui passe nous paraîtra doux et léger quand nous entrerons dans le grand repos.»

D'autre part la bonne Mère s'attachait à justifier auprès d'amis dévoués et mal informés le parti que les supérieures avaient cru devoir prendre :

« Je ne sais, écrivait-elle, si le bruit public

vous a mise au courant de ce qui concerne Nazareth. Les bons et les mauvais journaux ne sont que trop occupés de nous depuis six semaines. Dans l'impossibilité de nous soumettre à une loi qui nous rendrait esclaves de la franc-maçonnerie, nous nous exilons. Nos cinq pensionnats les plus importants sont fermés. Nous ne gardons provisoirement que Montléan, sur lequel le fisc a des prétentions, et notre dernière fondation, La Croix, sur la côte d'Azur, pensionnat dont les bâtiments appartiennent à une société lyonnaise composée de catholiques militants qui ne craindront pas de lutter contre la tyrannie de l'impiété. Nous ouvrons deux maisons à l'étranger une en Suisse, l'autre à Enghien, près de Bruxelles.

« Vous comprenez que je sens vivement la fermeture de nos cinq établissements et, en particulier, des trop chers Moulineaux. Mais je trouve bien juste de pratiquer le détachement et l'absolue soumission à la divine Volonté, moi qui la prêche si souvent aux autres. »

« Il me tarde, écrivait-elle de Zepponami, le 12 septembre, de savoir les tristes détails sur nos chères exilées et sur les maisons que j'ai quittées animées et en pleine floraison, qui sont aujourd'hui désertes. Quel silence ! quelle glace ! et quel frisson on sentirait courir en soi si on s'arrêtait à considérer les choses humainement ! *Sursum corda* ! Notre-Seigneur a promis la persécution à ses apôtres : il est juste que nous la subissions à notre tour.

« Savez-vous exactement où nous en sommes ? Je ne le sais pas moi-même très clairement : on a tant à faire dans nos maisons dont la fermeture est décrétée et presque entièrement exécutée ! L'Angleterre a déjà reçu votre vieille amie, la Mère de Razac, qui est dans sa 90e année. Elle admire les grands arbres d'Ealing Park avec la bonne Mère de Bellefonds. »

« Lundi 16, écrivait encore la bonne Mère, je rentre à Rome pour notre retraite annuelle et pour préparer notre rentrée. La rentrée ! voilà un mot qui fait soupirer ! Boulogne, Reims, Rouen, Oullins, Lyon, vous savez ce que tous ces noms signifient aujourd'hui pour nous. Ajoutez que notre fondation romaine ne nous donne pas plus de confiance sous le rapport de la stabilité. Dès que la loi persécutrice a été votée en France, je me suis dit que c'était un signal donné à toutes les nations catholiques. L'Espagne, le Portugal en sont une preuve et ce n'est pas l'Italie qui reculera devant l'ordre des sectaires... Outre la souffrance de la persécution, souffrance qui a son côté glorieux et consolant puisque Notre-Seigneur l'a prédite et *promise* à ses Apôtres, il y en a une plus douloureuse et même déchirante pour les cœurs français.

« Hier, un saint religieux bénédictin hollandais me disait tristement : « La France devient la risée des nations ; elle ne compte plus dans les sphères politiques, et maintenant c'est à l'Allemagne que les catholiques demandent protection à l'étranger, en Palestine, par exemple. Je m'étends trop sur ce sujet, ma chère M. mais je sais que je parle à une fervente chrétienne et aussi à un cœur dévoué à la patrie. »

En répondant aux lettres qui lui venaient de toutes parts, la pauvre Mère ne pouvait retenir l'expression de sa douleur :

« J'avoue, écrivait-elle le 14 septembre, que mon cœur a été douloureusement blessé. J'aurais préféré m'éloigner à des milliers de lieues et savoir que nos chers Moulineaux continuaient leur intéressante mission... mais il faut vouloir tout ce que Dieu veut et permet. »

« Il ne s'agit pas d'une personnalité, dit-elle à une ancienne restée inconsolable de son départ pour Rome, c'est toute la famille que l'orage a dispersée. Qui m'eût dit, lorsque je m'éloignais il y a deux ans que la porte se refermerait bientôt sur toutes les religieuses de Nazareth ? Il faut se taire et adorer les desseins très mystérieux de la divine Providence. J'ai eu le cœur déchiré en pensant à toutes nos enfants présentes, passées et futures. C'est un vrai désarroi dans mon esprit et il m'a fallu faire un grand acte de soumission et d'abandon à la très sainte volonté »

11

On le voit, l'expulsion de France, la fermeture des maisons de Nazareth avait porté à la bonne Mère un coup dont elle ne se releva pas. Elle perdit cet entrain jusque là si remarquable dans une vieillesse avancée ; bien qu'elle cherchât à réagir, on sentait que son âme était remplie de tristesse.

Cette douleur, qui n'avait rien de personnel, rendait la vénérable Mère de plus en plus sensible aux peines des autres. Elle s'attachait à aider encourager, consoler les âmes qui recouraient à elle. Pour toutes, elle avait le mot qui réconforte.

« Oui, nous tâcherons de relever notre courage, écrivait-elle le 27 décembre. Que deviendra notre pauvre France après les élections ?... Tout est en question et en suspens... Aussi le regard va, de la Crèche où il voudrait s'arrêter et se reposer, au Calvaire... dépouillement complet ; et enfin au ciel... paix et béatitude, éternel repos dans l'éternelle jouissance. Allons, il nous faut vivre surnaturellement, ma bonne M., de foi et de saintes espérances. Nous *passons* et nous ne faisons *que* passer, marquant notre route, surtout à mesure que nous avançons, par quelques débris de nous-mêmes. »

« J'ai lu avec grand intérêt votre petit compte rendu sur la réunion de la Congrégation par le Père d'Arras. Quoi ! un agent de police à la porte des Petites Sœurs des pauvres, tandis qu'on laisse libres... Malheureuse France ! Bientôt il faudra, pour prier et faire un peu de bien, descendre dans de nouvelles catacombes. »

« Lorsqu'on est avec le bon Dieu, dit-elle ailleurs, tout combat est une victoire ; dans le camp opposé, les victoires ne sont qu'apparentes : elles conduisent à la grande catastrophe. »

Dans sa douleur religieuse et patriotique, la pauvre Mère eût volontiers souffert et donné sa vie pour le bien de Nazareth et le salut de la France. Aussi comme ses prières redoublaient en certains moments plus critiques, par exemple à l'approche des élections : chaque jour le Chemin de la Croix, le Rosaire ; l'heure sainte dans la nuit du jeudi au vendredi et des jeûnes dont son âge et ses fatigues la dispensaient largement.

De bonnes nouvelles d'Enghien lui apportèrent un moment de consolation. Une belle réunion d'Anciennes s'y était trouvée pour la retraite et, parmi elles, des Boulonnaises surtout.

« On m'a souvent vanté la propriété, écrivait-elle à Mme N. qui les avait accompagnées. Je suis bien aise que nos Sœurs et nos enfants y trouvent plus que le nécessaire, c'est une délicate attention de la Providence. Je n'ai pas l'espérance d'aller visiter le Nazareth belge, mais j'apprendrai toujours avec joie qu'il se peuple de Françaises. »

En dehors des détails qui lui venaient par ses

Anciennes, la Mère savait peu de chose concernant ces maisons de France qu'elle revoyait en souvenir comme au temps de leur joyeuse animation. Elle cherchait dans la dispersion les religieuses, les enfants qu'elle avait connues : un voile semblait s'étendre sur elles et envelopper à la fois le passé, le présent et l'avenir.

Enfin, le moment approchait où l'on allait se revoir. La révérende Mère générale étant arrivée au terme de sa supériorité, le Chapitre pour une nouvelle élection fut convoqué à Tatiania, en Suisse. La Mère Vignon avait été assez souffrante depuis quelques semaines pour qu'on se demandât avec inquiétude si elle pourrait faire le voyage. Elle arriva très fatiguée. Si on était attristé en voyant son visage altéré par l'âge et la souffrance, on retrouvait avec bonheur cette intelligence lucide, ce cœur dévoué et, dans les rapports, cette bonté, cette loyauté, cette modération qui inspirait la confiance avec un sentiment de sécurité toute surnaturelle.

La Mère Vignon et la Mère Noël restaient seules de ces Mères vénérées qui, depuis plus de quarante ans, avaient siégé dans les assemblées de la petite Société ; la Mère Trebuchet et la Mère Helot avaient passé successivement au Nazareth du ciel ; la Mère de Bellefonds, retenue par ses infirmités ne pouvait plus aider les Conseils que par ses ferventes prières. C'est donc autour de ces deux Mères que se groupèrent les capitulantes ne demandant qu'une chose, comme l'avait souvent recommandé la Mère Vignon, « que le Saint-Esprit soit au milieu d'elles pour que toutes leurs décisions tournent à l'avantage de leur bien-aimée Société. »

Qui pouvait mieux qu'elle mesurer l'étendue de la responsabilité préparée à la future supérieure ? Qui pouvait mieux en sentir le poids ?

Après l'élection, les deux anciennes Mères générales se rencontrèrent auprès de l'Elue pour lui offrir chacune à leur manière, l'expression de leur filial dévouement et... de leur affectueuse compassion. « C'est bien pénible, lui dit la Mère Vignon, mais c'est pour le bon Dieu ! » Elle était radieuse : il lui semblait que le bon Dieu accordait à Nazareth une bénédiction de choix. Bientôt elle traduisit en un mot le motif de sa confiance au sujet de la nouvelle Supérieure générale : « Elle est si humble ! »

Voici quelques lignes adressées un peu plus tard à une amie de Nazareth :

« Puisque de cœur vous faites partie de la famille, unissez-vous à notre action de grâces. Notre nouvelle Mère générale unit la bonté à la fermeté, elle a le cœur très grand et sait se faire toute à toutes et à chacune. *Toutes* celles qui ont été ses filles l'estiment et l'aiment avec vénération. »

Pendant la durée du Chapitre, on vit s'éteindre à Tatiania une religieuse que son caractère, ses dispositions naturelles et surnaturelles, ses aspirations élevées, avaient rendue particulièrement chère à la Mère Vignon. La Mère Fabisch, fille de l'artiste lyonnais qui sculpta la première statue de Notre-Dame de Lourdes, semblait attendre cette réunion de mères et de sœurs pour rendre au milieu d'elles son dernier soupir. Comme elle était la première fille spirituelle du généralat de la Mère Vignon, il y eut, de part et d'autre, grande consolation à se revoir. On en trouve l'écho dans plusieurs lettres :

« Quelle joie lorsqu'on lève les yeux et que le ciel paraît plus proche ! Heureuse mère Fabisch ! elle a si bien pris son vol le 14 août dans les bras de la sainte Vierge qui l'attendait pour une bonne fête ! Je prends plaisir à me rappeler ses saintes ardeurs, ses élans d'amour divin, sa persévérante et si vraie charité en communauté. Je n'ai garde d'oublier ses luttes généreuses, ses souffrances et déceptions : c'est de tout cet assemblage que se forme la vie d'une sainte et je ne vous le rappelle que pour vous donner une courageuse confiance. Nous ne passons pas exactement par la même voie : le Saint-Esprit est trop grand artiste pour se répéter dans son ouvrage mais il arrive à

reproduire les mêmes vertus dans des circonstances très variées. Pratiquons la douceur, la
patience, l'humilité à chaque occasion et nous
aurons, nous aussi, notre couronne. »

Ce qui frappa surtout dans la Mère Vignon
pendant son séjour à Tatiania, ce fut, avec son
amour dévoué pour la Société, son abnégation
d'elle-même et sa charité. On ne saurait trop
redire combien grande était sa délicatesse sur ce
point. Il semblait qu'elle se fût donné la mission
de faire ressortir le bien accompli par les autres,
de le rappeler de manière à ce qu'il ne pût
jamais être oublié. Il n'y avait rien de banal
dans ces témoignages inspirés par un sentiment
de justice et par le souvenir reconnaissant des
services rendus. Cette vraie charité ne l'empêchait pas de dire franchement et loyalement
ce qu'elle jugeait utile pour le bien et même de
blâmer certains faits quand il était nécessaire,
mais avec quelle modération elle le faisait et
comme on sentait toujours son affection et ses
égards pour les personnes !

La Mère Vignon partit aussitôt le Chapitre
terminé ; plusieurs affaires la rappelaient à
Rome, entre autres l'achèvement de l'école de
pauvres. Cependant, avant son départ, elle eut
connaissance de l'arrêt porté contre les communautés françaises réfugiées en Suisse : ce fut
pour elle une peine de plus. La pensée des épreu-

ves de la maison de Tatiania ne cessait de la poursuivre et de l'inquiéter :

« Je voudrais vous rassurer, écrivait-elle ; je ne le suis pas moi-même, soit que nos Mères restent encore sous la menace, soit qu'elles hésitent à s'exprimer par lettres. »

En revanche, la bonne Mère se hâte de faire connaître et de recommander une nouvelle transplantation de Nazareth.

« La Mère X..., débarrassée du lourd fardeau de la supériorité générale procède en ce moment au déménagement de La Croix (Var) et s'installe avec une petite colonie de religieuses et d'enfants à Ospedalletti, sur les bords de la Méditerranée. C'est la même végétation, le même beau ciel qu'à La Croix. On n'a pas encore eu le temps de me décrire ce nouveau Nazareth provisoire en sorte que je serais bien en peine de renseigner sur ce point. »

Le 13 octobre, elle annonce que la Révérende Mère Générale et ses Assistantes ont quitté la Suisse et établi leur résidence à Montléan :

« Vous admirez, redit-elle, les voies de la Providence qui ramène Nazareth à son berceau. La maison est comble : on double le personnel des cellules. Le pauvre M. Combes nous fait pratiquer la sainte pauvreté, par conséquent il nous ouvre plus large la porte du ciel.

« On m'écrit que la Mère Noël rajeunit à

Montléan où elle est heureuse de se retrouver. Comme les voies de Dieu sont merveilleuses et admirables ! Adorons-les et ne cessons de le bénir. » (1)

L'année 1903 devait mettre Rome en fête pour le jubilé pontifical de Léon XIII, « ce qui, disait la Mère Vignon, ne me donne aucune tentation de franchir la clôture. » En même temps que se préparaient les grandes manifestations, une joie plus intime animait le Nazareth des Prati :

« Nous attendons notre *bonne* Révérende Mère, écrivait la Mère Supérieure le 14 février. Son voyage coïncidera avec les fêtes jubilaires qui commencent le 20 et auront leur apogée le 3 mars.

A la même date, la Mère générale écrivait : « La pensée de connaître notre maison de Rome et de voir la Mère Vignon m'est bien douce. Elle est si délicatement bonne, cette chère Mère ! ses lettres me font du bien. »

On préparait avec un joyeux entrain cette visite si désirée lorsqu'un douloureux incident répandit la consternation dans tous les cœurs.

Plusieurs faveurs précieuses avaient déjà été obtenues pour Nazareth et pour ses anciennes élèves par Mgr de Nekere, archevêque de Métilène et économe de Saint Pierre. Ce prélat, oncle d'une

(1) Vie de la Mère Marie Noël de Gigord, 1910.

religieuse de la Société, vint visiter la Mère Vignon et lui promettre encore son intervention. Elle a raconté elle-même cette visite et sa lamentable issue :

« Ce bon Archevêque, ami de Nazareth, après un entretien d'une petite demi-heure avec moi pour une affaire de charité, se retirait tranquillement à la tombée de la nuit. On venait d'allumer les becs de gaz et de m'apporter une lampe au parloir ; Monseigneur se lève pour partir et moi pour l'accompagner. Pour mieux éclairer sa marche, je reviens sur mes pas prendre la lampe et nous continuons notre conversation lorsque, arrivée au second degré de l'escalier de marbre que vous connaissez et qui va de la porterie au vestibule d'entrée, je vois Monseigneur chanceler et passer *devant moi*, précipité la tête la première sur le pavé, baigné dans son sang. Le tout, comme un éclair ! Pas un cri, mais une chute terrible. Il a fallu quatre hommes pour relever ce vieillard de 80 ans... Après un pansement rapide, on a transporté le prélat dans sa voiture qui l'a ramené chez lui où il est mort à 9 heures du soir. Il n'avait pas perdu chez nous l'usage de ses sens car il a parlé plusieurs fois après sa chute. Vous comprenez quelle secousse pour nous, pour moi en particulier. J'ai vu une fois de plus qu'il faut se tenir toujours prêt à paraître devant Dieu car rien dans le dernier entretien avec ce digne ami de Nazareth n'indiquait un pressentiment. Je le recommande à vos prières. »

La visite de la Mère Générale fut une heureuse diversion pour la maison romaine et surtout pour la Mère Supérieure, plus vivement impressionnée. Avec quelle filiale et respectueuse affection elle reçut la nouvelle Mère de Nazareth, celle qui en était l'objet pourrait seule le dire ; la communauté entière se sentit pour ainsi dire portée par elle vers l'élue du 6 août. Ce furent des jours de paix et de consolation où l'on causa enfin librement des chères maisons de France, dispersées ou transplantées. Tout allait au cœur de la pauvre Mère et elle bénissait Dieu de la protection visible qui avait accompagné l'épreuve.

« Nazareth, écrivait-elle, a été en réel danger de quitter la Suisse, grâce à la franc-maçonnerie française. Que de soucis pour la nouvelle très bonne Révérende Mère ! Elle a manœuvré avec grande prudence et surtout fait appel au ciel. Nous restons en suspens pour l'année prochaine de ce côté suisse. Quand on a fait tout le possible pour défendre les intérêts matériels, il n'y a plus qu'à s'abandonner aux bons soins de la Providence.

« Le bon Dieu nous tient ainsi pour que nous ne nous appuyions que sur Lui. Ses ennemis nous obligent à bien des actes de foi, d'espérance et de charité ce qui ne fait pas le compte du diable. »

En avril et mai, les visites de souverains se succédèrent à Rome Les hommages rendus à Léon XIII par l'empereur d'Allemagne et le roi d'Angleterre réjouissaient les catholiques, mais la Mère Vignon se sentait froissée dans les fibres les plus délicates de son cœur. Hélas ! où était la France, la fille aînée de l'Église ? Tout occupée à persécuter ses religieux et ses religieuses, ses prêtres et ses évêques, elle abandonnait son poste d'honneur, s'apprêtait à dénoncer le Concordat et laissait le chef spirituel de l'église de Prusse poser sa candidature au protectorat des catholiques en Orient !

La pauvre Mère avait grand'peine à contenir la douleur et l'indignation que lui causaient ces contrastes : « Je ne vous dis pas, écrivait-elle, l'impression que produirait en moi la lecture des journaux français, si je cédais au simple mouvement de la nature, mais je suis convaincue que les hommes ne sont que des instruments et j'attends avec foi et confiance l'heure de la résurrection pour notre chère France. »

Deux mois ne s'étaient pas écoulés que, au bruit et à l'effervescence causés à Rome par le défilé des cortèges royaux et par les grandes revues militaires, le silence, un silence morne, succédait.

L'anxiété régnait autour du Vatican et le

monde entier suivait les phases de la maladie qui emportait le grand pape Léon XIII.

Le 20 juillet, le cœur et le regard tournés vers les fenêtres des appartements du Saint Père, la petite colonie française des Prati attendait dans la prière le signal redouté. Vers 4 heures le glas de Saint Pierre se fit entendre annonçant à la ville et au monde la mort du vénéré Pontife. Toutes les cloches se mirent en branle tandis que retentissait ce cri : « Il Papa è morto ! E morto il Papa ! »

Dès le 22 juillet, la Mère Vignon écrit à une habituée du Nazareth romain, tout particulièrement attachée à la personne de Léon XIII :

« J'ai tant de peine en pensant à la vôtre ! Où aurez-vous appris la grave nouvelle ?... Si nous avions lu la VERA ROMA avant votre départ, vous ne seriez point partie ce même jour. J'avais vu le dernier bulletin qui n'avait rien de rassurant, mais conservant votre espoir absolu vous m'avez répondu : « Oh ! le bon Saint Père nous réserve encore des surprises ! » Hélas ! la surprise est pour vous, chère Enfant, et comme je sais qu'elle est douloureuse et proportionnée à votre filiale tendresse, je vous associe à toutes les prières que je fais pour le vénéré défunt, demandant le ciel pour lui et, pour vous, toutes les bénédictions qui vous aideront à y arriver es mains pleines lorsque vous aurez achevé votre course.

« J'ai été interrompue par une visite où j'ai eu le bonheur d'entendre un concert de louanges sur Léon XIII, vie pleine et parfaite, mort d'un saint, regrets unanimes.

« A Dieu, ma chère enfant ; que la pensée du bon saint Père vous soit une force et une consolation ! »

C'est à Viterbe que la Mère Vignon et une partie de sa communauté attendirent l'élection du nouveau Pape :

« Nous sommes, écrivait la bonne Mère, sur une colline à 3/4 d'heure de la ville en montant toujours, dans une vaste et charmante solitude avec de frais ombrages, un air très pur et un magnifique horizon.

« Mardi dernier, à 2 heures de l'après-midi, les cloches sonnant à toutes volées nous ont remplies d'allégresse. Sans aucun doute elles annonçaient l'élection. En effet, une heure après, un bon Père capucin confirmait la nouvelle. Avec lui, nous avons salué le Saint Père Pie X, ex-patriarche de Venise, savant et saint, aimé et estimé de tous, clergé et fidèles. Bénissons le Seigneur de ce choix ! »

Nous trouvons dans une autre lettre du mois d'août :

« L'élection de Pie X a changé les larmes

en joie... Je ne puis vous dire quels transports, quelles acclamations ont salué l'Elu du Saint-Esprit. C'est un concert unanime, à Rome, dans toute l'Italie et dans l'univers entier. Ce choix du ciel auquel on ne s'attendait pas fait tomber toutes les questions de nationalités, et prouve une fois de plus que le divin Maître reste avec son Eglise jusqu'à la consommation des siècles. »

Ces heureuses circonstances étaient favorables à la dilatation des cœurs : la villégiature de Viterbe fut plus joyeuse que les précédentes, assombries par les évènements de France.

Cependant, avant la fin des vacances, la Mère Vignon se trouva assez souffrante. Ne pouvant rien faire et craignant d'être arrêtée tout de bon, .elle se décida brusquement à rentrer à Rome. Grâce aux bons soins du Dr Venturi et à sa propre énergie, elle se remit sur pieds, et comme elle l'écrivit elle-même, se trouva aussi bien qu'on peut l'être quand on court vers son 75e hiver.

Une consolation réservée à la bonne Mère pour cette époque fut l'ouverture de l'école des pauvres ou plutôt de l'ouvroir. Tous les jours, excepté le jeudi et le dimanche, une trentaine de fillettes venaient de 2 heures à 5 heures recevoir l'enseignement du catéchisme et de l'ouvrage manuel. La première idée avait été de former des cours élémentaires gratuits mais la Mère Vignon eut une meilleure inspiration : l'ouvroir, n'étant pas soumis au contrôle du gouvernement, laissait plus libre d'instruire religieusement les enfants, ce qui était le but principal de l'œuvre. Les écoles gratuites abondent à Rome, mais le catéchisme y est bien négligé, et l'on constate avec un serrement de cœur que, dans certains quartiers pauvres de la capitale du monde catholique, l'ignorance est plus grande que dans les dernières bourgades de la Galilée. Heureusement, l'Italien a une foi native qui ne disparaît pas entièrement et il se retrouve avec bonheur dans l'élément religieux comme dans son élément naturel.

L'attitude un peu défiante des premiers jours fit bientôt place à une respectueuse déférence et l'expression des physionomies changea graduellement sous l'influence de la prière et des sacrements. La Mère supérieure avait trouvé pour son œuvre un concours précieux dans le révérend Père directeur du Collège américain, — un jésuite — qui s'occupa de ces pauvres enfants avec un zèle d'apôtre et un cœur de père.

Au renouvellement de l'année, les lettres « de tous les âges » comme disait la bonne Mère, s'accumulaient sur son bureau. Elle, si attentive à ne manquer à aucun de ses devoirs de supérieure, et si fidèle aux exercices de communauté, trouvait le moyen de répondre à tout, continuant par là son fructueux apostolat.

« Je sais, écrivait-elle à une de ses anciennes enfants de Marie, que la Congrégation est toujours zélée et fervente et j'en bénis le Seigneur, espérant que des jours plus heureux permettront à Nazareth de reparaître à Boulogne. En attendant, le bien se fait, les pauvres sont soulagés, les liens de la charité se resserrent entre vous ; dans les réunions chacune est fort attentive à ne rien dire qui puisse blesser le prochain. Certainement, si le bon esprit se maintient parmi tous ses membres, la congrégation fera beaucoup de bien et attirera les bénédictions du ciel sur les familles des associées et sur toute la ville de Boulogne qui me reste particulièrement chère. «

Le dernier coup porté à la Mère Vignon par la dispersion fut l'annonce du départ de Montléan. Tant que Nazareth était au Berceau, gardé par la Mère générale et son Conseil, tant qu'on y sentait le noviciat, qu'on y fêtait les vêtures, les premiers vœux, les professions, l'exil n'était pas complet, le cœur de la Société battait encore en France. Mais, depuis le mois de juin, on avait vécu dans une incertitude plus pénible que la pire réalité. La Mère D... avait été envoyée en Belgique pour préparer, dans une ancienne abbaye, en pleine campagne, à deux heures d'Enghien, une seconde maison qui pût servir de refuge si le départ définitif s'imposait.

Le 21 février, la Mère Vignon apprit que, sous

quelques jours, toutes les religieuses et enfants encore à Montléan auraient passé la frontière. Dans le courant d'avril, le fait était accompli.

« Montléan n'attend pas qu'on chasse ses habitantes, écrivait la bonne Mère ; presque tout son personnel est déjà dispersé : 36 enfants sur 40 vont à Enghien. Il restera jusqu'à nouvel ordre trois ou quatre religieuses à Montléan pour garder les tombeaux de nos fondateurs. Sans doute, le cœur se serre en voyant toutes ces ruines morales et matérielles dans notre chère France mais je reste convaincue que Dieu tirera le bien de tant de calamités... et j'adore la Providence. La Mère Noël est partie soumise à la divine Volonté. »

Faisant allusion au temps pascal, la Mère Vignon terminait ainsi : « Nous aimons bien ce qui annonce la grande résurrection : celle de notre bon Sauveur nous est un gage assuré de la nôtre. Continuons à mourir pour vivre de la vraie vie. A Dieu et joyeux Alleluia toujours ! Je vous le répète avec le bon Maître : *Pax vobis !* »

Cette paix toute surnaturelle pénétrait plus intimement son âme à mesure que les sacrifices se succédaient. Elle s'efforçait de la répandre autour d'elle.

Cependant, le 20 avril, une sainte indignation la soulève : « Le canon, écrit-elle, ne cesse de retentir à nos oreilles depuis ce matin et, à l'heure où je vous écris, notre rue principale Cola di Rienzo, est dans une animation extraordinaire : c'est que M. Loubet, précédé et accompagné de toute la cour, passe sous nos fenêtres pour se rendre sur la place d'Armes où doit se faire la revue militaire. Ces fenêtres, si animées d'ordinaire en pareilles circonstances, sont entièrement closes : c'est l'unique moyen de protester contre l'injure faite au Saint Père par sa fille aînée. (1) Hélas ! hélas !

« Comme position géographique nous formons, avec le Vatican et la place d'Armes, les trois sommets d'un même triangle : Vous comprenez auquel va notre cœur !...

« Non, je n'ai pas lu l'article de la Revue des deux Mondes sur le Conclave, mais, plus nous avançons, plus je vois d'une manière sensible l'action du Saint-Esprit dans l'élection de Pie X. Nous ne pouvions rien espérer de mieux. C'est la sainteté intelligente, la charité en continuel exercice. »

Le mois suivant une double consolation était donnée à son cœur filial : la visite de la révérende Mère générale et une audience de Pie X.

« Ces dix jours ont été admirablement remplis,

---

(1) Le **Président de la République** se trouvait en visite officielle au **Quirinal**, sans s'être rendu jamais au **Vatican**.

écrit la Mère Vignon le 25 mai. Choix, demande et nomination du Cardinal Martinelli comme protecteur de Nazareth, car nous n'en avions pas depuis la mort du vénéré Card. Parocchi.

« Le lundi de la Pentecôte, toute la communauté, le pensionnat et nos enfants de Marie (Anciennes) réunis au Vatican, en audience particulière, recevaient la bénédiction du Saint Père. Je ne saurais vous dire l'impression reçue : c'est la paix, la joie sainte, l'absolue confiance, dans un sentiment de filial respect et d'ineffable reconnaissance envers le Saint-Esprit qui a si bien marqué le représentant de Notre-Seigneur Jésus-Christ.

... « Notre révérende Mère est d'une bonté et d'une sagesse admirables. Proportion gardée, le Saint-Esprit nous a fait un don dans le genre de celui de Pie X à l'Église : même humilité pour repousser la charge, même dévouement pour la porter. Unissons-nous dans l'action de grâces et soyons de plus en plus tout à Notre-Seigneur. »

Cependant, la persécution suivait son cours. Le 13 juin, la maison de Reims était vendue par le fisc et le 16 juillet, la mère D. et ses compagnes disaient adieu à Montléan pour rejoindre les communautés d'Enghien et de Beaupré. Le sacrifice était consommé : il restait l'espérance fondée sur le droit et, plus encore, sur les promesses divines.

Il est parfois difficile de faire comprendre la conduite de la Providence dans les évènements qui bouleversent toutes les idées de la sagesse humaine et tous les plans d'une légitime défense. La Mère Vignon avait à lutter contre des amis très dévoués à Nazareth mais qui accusaient la Société de laisser le champ de bataille à de plus braves et de chercher sa sécurité à l'étranger. Il fallait d'abord s'entendre sur la vraie sécurité pour un ordre religieux.

On trouvera peut-être sévère la lettre suivante adressée à une très ancienne enfant de Nazareth qui avait donné mille preuves de son attachement et mérité, dans plusieurs fondations, le titre de bienfaitrice. Mais une question de sentiment n'arrêtait pas la Mère Vignon quand elle avait un bien réel à faire, une lumière utile à donner. Elle y allait d'autant plus librement que son cœur inspirait et guidait sa plume.

« Sont-ce les bons Anges qui vous ont conduite à Montmirail ? écrivait-elle le 5 juillet. Je pourrais en douter en voyant la triste impression que cette visite a laissée dans votre esprit... Je regrette pour vous, ma chère M***, le changement qui s'est produit dans vos pensées, changement qui s'est fort accentué dans ces derniers mois. J'en cherche la cause avec tristesse, constatant qu'il s'est fait *en vous*, dans votre jugement, un amoindrissement dans l'appréciation de l'esprit religieux et aussi des vertus religieuses.

« Après tout, ma chère enfant, vous n'avez pas la vocation et si vous jugez maintenant comme le monde, je ne dois pas m'en étonner. J'avais été frappée du contraire précédemment et je m'en réjouissais.

« Si vos sentiments changent, comme la Mère *** et moi ne faisons qu'un avec la Société, nous revendiquerons l'honneur de n'en être pas séparées dans votre cœur. Je vous avoue que je suis très peinée de penser que c'est pendant votre séjour à Rome que s'est fait ce triste revirement. Jamais je n'aurais cru que vous en arriveriez là à l'égard d'une Congrégation qui garde sa règle et son esprit et dont vous ne pouvez suspecter les intentions.

« Toute la communauté romaine vous envoie un affectueux souvenir. Je garde pour moi vos impressions sur « notre petite vie tranquille » et je prie le divin Cœur de régner en maître dans le vôtre et d'en diriger tous les mouvements. Je souhaite que vous trouviez un guide sage et éclairé qui vous donne lumière et force au milieu des difficultés. Je vous embrasse avec une sainte tendresse et tristesse, confiante dans la protection de votre Mère du ciel.

« A Dieu ! si Nazareth est changé à vos yeux, vous restez toujours son enfant pour une vieille mère. »

La réponse ne se fit pas attendre et elle fut ce qu'elle devait être car, six jours plus tard, la bonne Mère écrivait de nouveau : « Bien que nous soyons *au jour* même de notre distribution des prix et du départ de nos enfant, je ne veux pas attendre un seul moment pour vous envoyer *le meilleur baiser de paix* que l'on puisse donner sur cette pauvre terre. Je pensais bien que ma lettre vous causerait de la peine, chère enfant. Je vous connais assez pour savoir que votre cœur ne se séparerait pas ainsi de Nazareth, mais il m'a paru nécessaire de vous dire toute la vérité pour vous faire rentrer dans la voie droite d'où vous vous écartiez ces derniers temps. Si la secousse a été forte, je pense qu'elle aura un bon résultat. Et tout d'abord j'ai bien prié pour vous, comprenant que vous étiez dans une phase de surexcitation. Je me disais quelquefois : Il vaut mieux que l'irritation de la chère enfant se tourne contre Nazareth que... Mais le Cœur de notre bon Maître peut calmer toutes les tempêtes d'autant plus que *** veut absolument lui rester fidèle. Voilà qui est fait... tout est apaisé et le bien va sortir du mal : la grande, l'importante résolution de *ne plus critiquer*. J'en prends note non sur le papier mais dans mon cœur de mère qui s'attristait de voir se développer un défaut si contraire à l'humilité et à la charité.

... « Dans des moments aussi difficiles, qui

peut se vanter de voir et d'agir mieux que les autres ? Je suis persuadée que toutes les supérieures qui ont eu à prendre une grave décision en ces tristes jours n'ont cherché que *le bien* et nullement leur tranquillité personnelle. A Nazareth elles ont voulu essentiellement sauver la vie religieuse. — Prenez pour devise, ma chère * * *, cette parole de Notre-Seigneur : Ne jugez pas et vous ne serez pas jugée.

« Prions le Saint-Esprit de nous faire toujours mieux comprendre les choses du ciel. Je vous embrasse tendrement, le cœur plein de reconnaissance envers Notre-Seigneur qui vous aime, vous garde et veut vous faire toute sienne dans le temps pour l'éternité. »

Dans le courant de sa sixième année de supériorité aux Prati, la bonne Mère répond aux sollicitations d'une de ses correspondantes :

« Je ne pense pas rester à Rome encore longtemps. Savez-vous que me voilà dans ma 77e année et la Sainte Écriture nous dit qu'après 80 ans les jours de l'homme ne sont que misère. Je le crois et me prépare à tirer bon parti de toutes ces morts partielles. »

Et à une autre : « On m'annonce que notre bonne et sainte Mère de Bellefonds a été administrée. C'est une belle âme que le Seigneur rappelle à Lui après une carrière riche en vertus.

Il paraît qu'elle endure un vrai martyre avec une touchante humilité et une souriante résignation. Ah ! vivent les Saints ! et ils sont bien heureux de mourir ! ...

Le jour même, 2 mars, où la Mère Vignon écrivait ces lignes, son ancienne mère des novices, qui lui était restée unie par la plus religieuse et fidèle affection, paraissait devant Dieu. C'était un nom de plus à ajouter à la liste qu'elle avait écrite quelques jours auparavant à l'occasion d'un autre deuil :

« Il vient un âge où il ne peut être question de nouvelles amitiés ; alors on sent plus vivement le vide fait par celles qui disparaissent. Il nous faut chercher ceux que nous aimons au-delà de ce pauvre monde et notre cœur se trouve ainsi attiré vers le ciel. Presque toutes nos bonnes anciennes Mères ont disparu. »

Et elle nomme les Mères Helot, Prat, Trebuchet, de Razac, Brunet, témoins de sa jeunesse religieuse. Oui, son cœur était vraiment attiré au ciel, c'est ce qui ressort de chaque page de sa correspondance. Les faits extérieurs diminuent mais l'âme se révèle de plus en plus.

« Lorsque Dieu nous a comblées de grâces, écrivait-elle un jour, le compte à rendre sera en proportion ; heureusement que nous n'avons pas à faire nous-même ce calcul et, à la pensée du grand jugement, je n'éprouve que le besoin de me jeter dans la divine miséricorde. On s'y plonge les yeux fermés, avec une invincible espérance. »

Voici, quelques jours plus tard, une lettre qui rappelle l'entrain et l'activité d'autrefois :

« Mon silence vous étonne, mais si vous saviez combien Dieu nous visite et nous *fait visiter* ! Lundi et mardi, toute la matinée consacrée à recevoir l'Inspecteur de l'Académie, donc examen approfondi dans toutes les classes. Lundi prochain 15 courant, visite canonique, pour la première fois, ordonnée par le Saint Père dans toutes les communautés de Rome et, pour conclure, visite *maternelle* de la révérende Mère qui doit nous arriver samedi prochain.

« Au milieu de toutes ces saintes affaires vient se caser la fête de la supérieure que la maîtresse générale tient à faire très solennelle, contre mon gré. Après le départ de Notre Révérende Mère, retraite des premières communiantes et grande cérémonie présidée, le 4 juin par le Cardinal Martinelli. Vous voyez que, si nous entrons dans la série des fêtes chômées, si nombreuses à Rome, les maîtresses ne chôment pas. On n'entend plus que des leçons de chant, on ne voit plus que des costumes : tout se fait *à la dérobée* et à la vapeur. »

Pendant sa visite à Rome, la Mère Générale trouva la Mère Vignon beaucoup mieux qu'elle ne l'avait espéré, n'ayant rien perdu de la lucidité de son esprit et encore pleine de vie et d'activité. Cependant elle aborda simplement avec la bonne Mère la question de la retraite et fit entrevoir Colchester comme le lieu probable de ce repos si bien mérité. La Mère Vignon regarda ce choix comme une délicate attention et, aussitôt qu'elle le put, écrivit à la supérieure de la maison d'Angleterre. Elle passerait avec joie, disait-elle, sous l'obéissance de son ancienne enfant et espérait que ce revoir serait, de part et d'autre, une occasion de progrès dans le véritable amour de Dieu.

Quand ces lignes d'une humilité et d'une délicatesse exquises arrivèrent à Colchester, des demandes et des réponses étaient échangées avec la maison-mère et, le Saint-Esprit inspirant les unes et les autres, il fut décidé que, si la Mère Vignon pouvait encore porter le fardeau, c'est à titre de supérieure qu'elle irait en Angleterre.

Pendant ce temps, la vénérée Mère préparait ce qu'elle appelait son *déménagement* et « bien que le bagage ne soit pas lourd, disait-elle, les derniers jours sont toujours fort remplis. Je vais donc faire mes adieux aux Prati, à Rome, au Vatican ! sans rien articuler aux personnes qui me font une visite de politesse, je me dis tout bas : « C'est la dernière fois que nous nous voyons sur cette terre. » Et cette pensée a quelque chose qui ressemble *au grand départ* de ce pauvre monde. »

Le 24 juillet la Mère Vignon quittait Rome après avoir reçu une longue et bonne visite du Cardinal Protecteur et envoyé du fond de son âme un dernier adieu plein de filiale vénération, au prisonnier du Vatican. Elle arrivait à Enghien le 27.

Le revoir avec la Mère Noël lui fut très doux : elle en parla plusieurs fois comme d'une de ses meilleures joies et se montra aussi fort touchée des visites des autres personnes de la communauté. On était frappé de la bonté affectueuse de son accueil, de l'intérêt si vif qu'elle témoignait, de la charité délicate qui lui faisait remarquer les progrès de celles qu'elle avait connues autrefois et admirer les vertus de toutes.

On la sentait heureuse et à l'aise comme on l'est au foyer de la famille, dans cette maison-mère d'exil où elle ne faisait que passer. Elle se reposa pleinement pendant la retraite où, sans avoir à changer le cours ordinaire de ses pensées, elle se prépara devant Dieu à la nouvelle et dernière étape de sa vie.

CHAPITRE X

1905 — 1906

La Mère Vignon arriva en Angleterre le samedi 19 août un peu avant 7 heures du matin. C'est donc aux pieds de Notre-Seigneur et dans la sainte communion que se fit la première rencontre. Aussitôt après la messe, elle donna le baiser d'arrivée à ses filles, anciennes et nouvelles, et leur adressa les paroles les plus délicates, tout empreintes d'humilité. A la vénération que son âge et le souvenir du passé inspiraient à toutes, se joignaient pour celles qui l'avaient longtemps connue, une grande joie et une vive reconnaissance.

Quand, après les premiers épanchements en communauté, elle se trouva seule dans sa chambre avec la Mère Martel qu'elle remplaçait et que celle-ci, lui demandant sa bénédiction, lui exprima son bonheur de redevenir à son égard ce qu'elle n'avait jamais cessé d'être dans son cœur, la Mère Vignon lui dit, avec une gravité un peu triste : « Ma pauvre fille, votre joie me fait peur ! » La rassurer sur la vraie nature de cette joie ne fut pas difficile, mais sa réponse avait quelque chose d'une intuition prophétique.

La bonne Mère ne connaissait pas Colchester. Elle avait fondé la maison d'Ealing au milieu de bien des difficultés ; elle l'avait vue grandir, se développer lentement, et, sur le point de disparaître, préservée à temps pour devenir un asile au moment des expulsions. Puis des circonstances extérieures, un voisinage qui menaçait de la rendre insalubre avaient obligé de la fermer.

La Mère Vignon aimait l'ancien Ealing qu'elle se représentait toujours avec ses charmes du début aussi, tout en comprenant les motifs du changement, elle subissait sans le dire les effets d'une double transplantation.

Pendant les premiers temps, elle parut assez fatiguée; sa nature active souffrait de tout ce qui lui était étranger et entravait ses mouvements. Peu à peu cependant elle s'habitua si bien à sa nouvelle demeure qu'elle déclara se sentir revivre au bon air de Colchester. Ce fut une consolation pour toutes ses filles et la Mère générale était heureuse de la savoir acclimatée et appréciée comme elle le méritait.

« La Mère Vignon est un sujet d'édification et de joie, écrivait-elle, et Grey Friars reste un Nazareth où je vais naturellement quand je veux me réjouir *in Domino.* »

C'est que la Mère Supérieure était comme autrefois la première à tous les exercices, mettant son ardeur à faire accomplir la règle et les moindres prescriptions venues de la maison-mère. Elle entrait dans les détails avec une intelligence et une énergie de volonté que l'âge n'avait pas affaiblies.

Voici enfin une lettre adressée à une religieuse : c'est une rare trouvaille ; elle est datée du 25 octobre :

« Vous voilà donc à Beyrouth... Nous avons fait l'une et l'autre un grand voyage A. M. D. G. Il vous en a coûté de quitter Nazareth (de Galilée) Il m'en a coûté de quitter Rome, deux villes saintes et qui nous sont particulièrement chères. Mais *rien n'est bon comme l'obéissance unie au sacrifice.* En voyant votre nouvelle destination, j'ai adoré et béni la conduite du Saint-Esprit pour le bien de mon ancienne fille. C'est un signe évident qu'il travaille à sa sanctification.

« Je vous vois avec plaisir chargée de l'ouvroir et du français à l'école. Vous trouverez là ce que vous aimiez à Nazareth avec l'assurance de faire la volonté de Dieu. Vous me parliez *de la fuite en Egypte* dans votre lettre du 3 août : aviez-vous quelques pressentiments ? En tous cas, la retraite a dû vous trouver bien préparée et, si la nature a été encore une fois *démolie*, vous vous êtes dit : Laissons passer *la divine Miséricorde* ; elle nous préserve des *coups* de la divine Justice.

« Je vous remercie de vos bons souhaits de fête, chère Mère. Il est très probable que je ne reverrai jamais les chers Moulineaux qui sont à la fois ravagés et profanés. Heureusement, notre espérance est dans le ciel. Ici, j'ai retrouvé plusieurs générations, on peut rappeler les bons souvenirs. Personne ne connaît la maison que je viens de quitter. Alleluia !... Passons à l'autre bord et vivons avec les bonnes et saintes Mères qui nous devancent au ciel. En attendant, je ne suis que trop bien, grâce aux soins si délicats, si intelligents et dévoués qui m'entourent. Priez pour ma vieillesse, chère Mère... »

La lettre suivante est adressée à une des plus anciennes enfants du Nord :

« Regardez bien ma nouvelle adresse, vous me direz plus tard si vous êtes contente du grand voyage qui m'a transportée de Rome en Angleterre. Mon ignorance de la langue et des habitudes anglaises me rend incapable de traiter avec les étrangers, etc, etc. Mais tout bien considéré, bénissons le Seigneur de la part qu'il fait à chacune de nous.

« J'ai trouvé ici plus qu'à Rome des souvenirs

vivants de Boulogne, de votre temps de pensionnat et il me semble, ma bonne V., que je suis
tout près de vous, ou que vous êtes tout près de
nous quand je parle à la Mère Martel. Il faut
ajouter aussi que cette chère maison est tout
imprégnée de la céleste mort de notre bonne
Mère de Bellefonds : elle était vraiment radieuse
dans ses souffrances. Ah ! les saints !... Rien
n'est comparable à leur influence sur la terre
et quelle grâce Dieu nous fait de nous mettre en
rapport avec ces amis du ciel !

« Je vous engagerais bien à venir dans la
belle saison mais je sais que vous n'avez pas
l'humeur voyageuse. Nous attendrons donc le
séjour de Beaupré s'il plaît à Dieu. »

La bonne Mère entrevoit volontiers cette résidence comme devant abriter ses derniers jours
mais, entièrement abandonnée à la conduite des
supérieures, elle ne veut la devancer en rien, ni
surtout refuser le travail qui lui est encore permis.

Si, dans son humilité, elle se regarde comme
inutile par suite de sa difficulté à parler l'anglais
et à entretenir des relations avec l'extérieur,
comme elle y supplée par la sagesse de son administration intérieure !

Elle donnait encore un cours de philosophie
et de littérature à une grande enfant qui savait
apprécier ses graves et maternelles leçons. « J'ai
un vrai plaisir à enseigner, écrivait-elle ; ce sera

un sacrifice de ne plus le faire ; mais il nous faut *sourire au sacrifice* : c'est un messager du bon Dieu qui prépare notre entrée au ciel. »

Les avertissements ne lui manquaient pas, mais elle dérobait à la connaissance de ses filles des accidents de santé que trahissaient seulement la pâleur de son visage et la souffrance peinte sur ses traits. Elle devait rester jusqu'à la fin un modèle de régularité et de fidélité au régime commun. Il était impossible de lui faire accepter un peu plus de repos ou quelque soulagement. Sous ce rapport elle était inflexible et se montrait impitoyable à l'égard de ses infirmières.

Elle ne répond pas de la même manière aux prévenances affectueuses d'une de ses bonnes Anciennes de Lyon ; voici comment elle remercie:

« Votre colis m'est arrivé hier en parfait état : J'ai pris plaisir à défaire ce joli emballage à la récréation de la communauté : papier, carton, enveloppe, tout était si bien fait que la curiosité de mes filles allait croissant et elles s'écriaient : Que sera-ce ? Lorsque j'ai déployé la chaude pélerine, elles étaient encore plus contentes que moi car je vous avoue que je crains *les délicatesses* qui, sous prétexte de santé, peuvent envahir les pauvres natures comme la mienne. Mais j'ai eu beau soupirer en disant : C'est trop bon ! c'est même trop beau ! le camail a passé sur mes épaules à la satisfaction générale et j'ai senti une douce chaleur qui pourrait bien me faire aller en purgatoire. Ce n'est pas précisément le but que vous vous êtes proposé. Puisque vous avez voulu abriter les épaules d'une vieille amie, elle demande en retour que votre cœur trouve promptement son abri dans le Cœur du divin Maître. »

Il est inutile de dire que la chaude pélerine rejoignit vite la réserve commune et, si le remercîment délicat réjouit la donatrice, le contentement des pauvres filles fut de courte durée : c'était d'ailleurs un bien petit détail.

Vers la fin de décembre, la Mère Vignon se sentit fortement secouée par une toux qui devint persistante. « C'est la vieillesse », dit-elle, et elle ne voulut pas qu'on s'en occupât. Levée tous les jours à l'heure règlementaire, elle quittait quelquefois l'oraison pour ne pas attirer l'attention et, quand on essayait de lui en parler ensuite, elle coupait court, trouvant tout simple d'avoir à endurer quelque infirmité. Cela ne l'empêchait pas de se faire éveiller chaque semaine pour l'heure sainte. Il lui semblait, avait-elle dit en confidence, que Notre-Seigneur lui demandait cet acte d'amour et de réparation ; son sommeil était troublé quand elle ne le faisait pas et, depuis longtemps, elle ne passait pas un vendredi sans avoir une part petite ou grande aux souffrances du Sauveur.

Nous l'avons vu, la vénérée Mère avait une grande puissance de souffrir. Les épreuves de l'Église, les malheurs de la France, leur contrecoup sur la Société à laquelle elle était si dévouée, pénétraient son cœur ; elle en était très affectée. Parfois en lisant à la communauté certains articles de journaux catholiques, ses larmes trahissaient son émotion lorsque Dieu était directement offensé, le cœur du Saint Père blessé ou qu'elle voyait notre pauvre pays s'enfoncer de plus en plus dans un abîme de maux.

Et quand des vides douloureux se firent dans sa famille religieuse, comme elle les ressentit profondément ! il fallait vivre auprès d'elle pour se rendre compte de la part qu'elle prenait aux peines de la révérende Mère générale.

« Je n'ai pas beaucoup souffert dans mon administration, disait-elle quelquefois, tout émue et préoccupée ; j'ai eu des tracas d'affaires, mais le bon Dieu éprouve bien plus sensiblement Notre Révérende Mère ! » Il n'était pas une personne de la Société à laquelle elle ne s'intéressât : son cœur restait pour toutes vraiment maternel.

Si, en repassant sa longue carrière, elle y trouve plus d'activité extérieure que de souffrance intime, n'est-ce pas que les peines des autres comme leurs vertus lui semblent toujours supérieures aux siennes ? Elles n'a songé qu'à se donner à son œuvre sans considérer s'il lui fallait pâtir.

Le divin Maître ne lui a jamais ménagé les épreuves. Il lui réserve pour le couronnement de sa longue vie, avec la croix de la maladie, des douleurs sans consolation apparente.

Les lettres dont il nous est permis de faire quelques extraits deviennent rares et nous l'y trouvons bien plus occupée à consoler, à conseiller, à encourager, qu'à communiquer ses pensées et ses impressions.

« Nous sommes bien tranquilles et bien libres dans la libre Angleterre, mais comme on voudrait pouvoir travailler sur le sol français ! Enfin, gardons toujours la confiance puisque nous sommes avec le bon Dieu et qu'Il aura le dernier mot. Cette confiance que je souhaite à tous *les cœurs droits*, je la désire particulièrement pour vous, chère enfant, lorsque votre imagination voudrait vous grossir les difficultés. Le bon Dieu permet l'épreuve pour nous exercer à la patience et nous faire mériter. Il veut aussi nous délivrer *à son heure*. Comme nous apprécierons dans l'autre vie tout ce qui aura été pour nous sujet de combat pendant les jours de notre pèlerinage ! »

La pensée de la mort se retrouve fréquemment sous sa plume ; ce n'est pas, chez la vénérée Mère, préoccupation de santé. Elle s'en inquiète si peu qu'elle répond ainsi à une demande pressante de nouvelles :

« Je vous remercie de vous y intéresser. Elle est aussi bonne que 77 hivers peuvent le permettre. Il faut bien quelques misères pour *expier, mériter et aider au détachement de ce pauvre monde.* »

Le ton de cette correspondance varie agréablement selon les situations et les dispositions de celles à qui elle s'adresse, mais elle a toujours en vue un bien sérieux. Le 12 mars, une ancienne Boulonnaise, habituée de Rome et des pèlerinages aux Lieux Saints, est en route pour l'Orient.

« Que les bons Anges vous bercent sans rudes secousses, écrit la Mère Vignon. Ici nous nous sommes réveillées sous un linceuil de neige... 3 centimètres d'épaisseur... et partout, sur les toits comme sur les arbres.

« J'admire le système anglais : les enfants sortent par tous les temps, excepté les grosses averses, et elles sont en parfaite santé .

« Je ne suis pas étonnée de la différence que vous trouvez entre le précédent voyage et l'actuel. Tout était plus jeune en vous et autour de vous, mais ces jouissances naturelles ne produisent rien pour l'éternité. Plus de volonté et moins d'attraits sensibles dans la dévotion augmenteront votre vrai trésor. »

Le mardi de Pâques, elle dit à une autre, sur un ton tout à fait joyeux :

« Si vous saviez comme je me sens vieillir ! ma voix même devient toute fêlée. Je m'entends et je n'y peux remédier. Ah ! le bel âge d'heureuses impuissances ! Je dis *heureuses*, parce que nos impuissances produisent la *patience*, la dépendance, l'humble soumission à la volonté de Dieu. Enfin, rien n'est bon comme l'humiliation acceptée... Je m'étends sans crainte sur ce sujet parce que, bien que je m'adresse *à une fille*, je n'oublie pas que cette fille est déjà d'un âge très respectable et je me la représente avec une couronne de cheveux blancs. Quant aux rides, n'en parlons pas ; nous sommes dans le temps de la résurrection et nous nous reconnaîtrons au ciel.

« Je veux vous dire en passant, ma bonne M., qu'il ne faut pas *nous* étonner si le travail et l'effort nous coûtent plus avec les années, c'est tout simple. Le mérite est proportionné au sacrifice, à la peine que nous prenons pour être fidèle *coûte que coûte*. Je dis fidèle dans ce qui est raisonnable. Mais vous êtes sous une sage direction et je suis tranquille sous ce rapport. Car jusqu'à la fin aussi nous serons aux prises avec la difficulté de savoir si nous en faisons *trop ou pas assez*. Ah ! le combat de la nature et de la grâce ! »

Ces lignes expliquent les dispositions intimes de la Mère Vignon et sa conduite dans la maladie. Dès son entrée dans la vie religieuse, elle a embrassé résolûment la lutte, reconnaissant en elle-même une vive répugnance pour la souffrance et la peine et un penchant marqué vers la jouissance et le repos. Le triomphe de la grâce a été si complet que les personnes qui l'ont le mieux et le plus intimement connue l'ont toujours trouvée éloignée de toute recherche de ses aises et de son bien être : elle semblait plutôt les avoir en horreur.

Ce n'est pas au moment de toucher le terme que la courageuse mère pouvait abandonner le combat. Frappée par la maladie, elle l'accepta de la main de Dieu comme une grâce de purification et de sanctification et, malgré la sage modération qui la caractérisait, elle rejeta, avec une sévérité qui parut excessive, tout soulagement à ses souffrances.

Si son obstination sur ce point a mis le cœur de ses filles à une rude épreuve, c'est que Dieu voulait leur donner une grande leçon et faire éclater ce côté de la vertu de leur Mère : le dégagement de ce qui eût pu être trop humain ou trop naturel dans les soins dont on voulait l'entourer.

Tous les saints n'ont pas agi de la même manière parce que les inspirations de la grâce ne sont pas les mêmes pour tous. La Mère Vignon était pressée par la pensée d'expier, de mériter, de se détacher de plus en plus et les circonstances affligeantes pour la nature lui faisaient dire : « Il faut qu'il en soit ainsi : c'est juste, c'est bon. »

La visite de la Mère générale, au mois de mai, parut ranimer un moment la chère malade. Elle était heureuse de revoir la révérende Mère et de pouvoir s'entretenir avec elle. Hélas ! après le départ, les accidents de santé devinrent plus fréquents, sans que la Mère supérieure manquât aucun exercice de la Communauté, aucune récréation. Si elle disparaissait un moment, vaincue par le mal, elle ne tardait pas à revenir au milieu de ses filles à qui son énergie extraordinaire ne pouvait cacher sa souffrance.

Enfin, sans doute par obéissance, elle consentit en juillet à voir le médecin. Il lui trouva une dyspepsie déjà ancienne et, tout en annonçant que la maladie serait longue, il assura qu'elle pourrait guérir. La communauté était tout à l'espérance car on connaissait le tempérament robuste de la bonne Mère. Elle se sentait et se disait très faible et cependant elle continuait à se dépenser comme si elle n'eût pas été malade, luttant contre l'impérieux besoin d'un repos qu'elle ne voulait pas prendre. Ses après-midi surtout étaient pénibles ; elles les passait à son bureau, essayant d'écrire ou de lire, n'acceptant pas même un fauteuil. Elle recevait toute la soirée, sans tenir compte de la fatigue : Jusqu'à la fin de juillet, elle fit tous les dimanches la conférence aux sœurs converses, et le catéchisme dont elle n'eût voulu les priver sous aucun prétexte.

Dans les intervalles que lui laissaient ces occupations, elle copiait lentement, de son écriture nette et ferme, une retraite prêchée autrefois à Oullins par le R. P. Bouillon, la retraite du PLAN DIVIN. Comme on lui offrait de lui en faire une copie, elle répondit qu'elle la faisait elle-même pour se pénétrer de cette doctrine et qu'elle se trouvait ainsi dans une sorte de retraite continuelle. A d'autres moments, on la surprenait égrenant son chapelet et articulant d'une manière toute particulière ces mots : « priez pour nous, maintenant et à l'heure de notre mort. » Son rosaire était ainsi récité chaque jour et, chaque jour aussi, elle faisait le chemin de la croix.

De plus en plus, elle poussait ses filles à la perfection par la pratique des humbles vertus de Nazareth dans les occasions journalières : « Simplifions-nous, » répétait-elle souvent. Et elle en donnait l'exemple. N'est-ce pas le besoin d'une âme qui est en présence de l'éternité et pour laquelle la multiplicité des choses humaines disparaît peu à peu ne laissant voir et désirer que Dieu ?

La vénérée Mère ne se faisait aucune illusion sur son état ; si elle n'en parlait pas, pour ne pas attrister davantage autour d'elle, certains passages de sa correspondance, à partir du mois de juillet, font pressentir la vérité. Le 3, elle écrit à une religieuse :

« Il me semble que, depuis quelques mois, j'approche sensiblement du *terme*… ce qui est grave et consolant à la fois. Mais je puis me tromper. De toutes manières que votre piété filiale m'aide à me tenir entièrement abandonnée à la divine volonté. Je la bénis en grande union avec vous. »

De son côté, la Mère générale, inquiète des nouvelles reçues de Colchester, se décida à appeler la chère malade plus près d'elle afin de l'obliger à prendre les soins qu'elle n'acceptait pas, tant qu'elle était supérieure. Elle lui écrivit le 9 juillet, lui disant qu'elle désirait la voir à Enghien dans les premiers jours d'août et, qu'après un bon séjour à la maison-mère, elle irait se reposer à Beaupré. Connaissant sa crainte de l'inaction, la révérende Mère lui proposait un travail bien conforme à ses goûts et attrayant pour son cœur : écrire les vies des Mères Helot, Mouroux, Trebuchet. Il fallait donc reprendre des forces pour faire le voyage le plus tôt possible.

Une nouvelle crise survenue le 22 juillet redoubla les inquiétudes. Toujours à son poste, la Mère supérieure présida au pensionnat le scrutin pour le prix de sagesse, donna toute son attention aux bulletins, au résultat des grandes compositions mais s'abstint de paraître à la distribution des prix.

Elle avait refusé de se laisser fêter au commencement de juillet. Pour y suppléer les enfants se réunirent dans la soirée et les adieux ordinaires prirent la forme de simples couplets de respectueuse reconnaissance pour cette Mère vénérée qu'elles ne devaient plus revoir. Elle en parut touchée et même émue. Sa réponse fut pleine d'affection. Elle leur dit combien leur piété, leur bon esprit, leur travail l'avaient consolée pendant cette année et laissa ensuite échapper ce que la communauté ignorait encore, l'annonce de son départ pour la Belgique.

Ce départ, que la Mère générale eût voulu hâter, fut d'abord fixé au 31 juillet : la Mère Vignon se trouva incapable d'entreprendre le voyage. Dans son état de santé, la traversée était redoutable.

Dans la nuit du 2 au 3 août, nuit du premier vendredi, comme elle le remarqua, elle souffrit beaucoup et vers le matin, elle eut un vomissement de sang, le premier dont on eût connaissance. Elle se leva quand même pour la messe et fit la sainte communion.

Le médecin prescrivit un repos absolu au lit

pendant huit jours. Hélas ! ce repos était pour elle un supplice intolérable ! Se disant encore pleine de vie, elle voulait s'occuper et ne pouvait consentir à se laisser servir. Elle parlait volontiers de la mort et de l'éternité mais, redoutant une vie d'inaction, elle demandait des prières pour obtenir la patience.

Le 7, nous la trouverons encore, écrivant à une pauvre mère éprouvée dont elle partageait les angoisses.

« Je devance le 15 pour vous assurer de mon fidèle et fervent rendez-vous près de la Consolatrice des affligés qui est aussi la Porte du ciel... Nous sommes à la vie et à la mort entre les mains de Dieu qui reste infiniment bon et miséricordieux lorsqu'il nous fait sentir bien douloureusement le poids de sa croix. Dites-moi que vous vous inclinez avec une fidèle soumission sous le poids de la vôtre... attendant et espérant l'allègement avec une confiance sans cesse renouvelée. Que la joie du ciel remplace celle de la terre ! »

Le lendemain, la Mère Générale, inquiète des nouvelles reçues s'embarquait pour l'Angleterre. Elle trouva la communauté en retraite. Son premier projet avait été de laisser la Mère Vignon en charge au moins jusqu'à la clôture des Exercices afin que, ne pouvant elle-même les suivre, elle eût la consolation de revoir encore ses filles et de les aider de ses conseils. Mais dès qu'elle put se rendre compte de la situation, elle imposa à la bonne Mère un repos complet, jugeant nécessaire de la mettre sous l'obéissance pour tout ce qui regardait sa santé. Le changement se fit au cours de la retraite et la Mère Martel reprit le gouvernement de la maison.

La visite de la révérende Mère parut faire un vrai bien à la chère malade très touchée de la sollicitude dont elle était l'objet.

Le 15 août, elle assista sans trop de fatigue à la dernière instruction de la retraite qu'elle goûta beaucoup et, dans la journée, lut avec des larmes de joie et d'admiration la belle Encyclique de S. S. Pie X aux archevêques et évêques de France : *Gravissimo officii.*

On se reprenait à espérer quand un nouveau vomissement de sang se produisit. Ne pouvant se reposer, la pauvre Mère allait de son lit à son bureau et de son bureau au fauteuil qu'elle avait enfin accepté.

Malgré cette crise qui aggravait son état, elle continua à aller à la messe, à y faire à jeûn la sainte communion. On ne pouvait obtenir qu'elle reçût Notre-Seigneur dans sa chambre... il fallait qu'elle allât jusqu'au bout d'elle-même.

Dans la journée, elle ne perdait pas un instant. Quand elle n'était pas à la chapelle, on la trouvait toujours dans sa chambre, occupée à dire son rosaire ou à écrire des lettres. Que de pages rem-

plies de foi, de confiance, d'abandon ou de consolation pour les autres, elle a écrites en ces jours
si pénibles pour elle-même.

Dans les entretiens particuliers, rares parce
qu'ils la fatiguaient, elle parlait peu de ses impressions. Pourtant elle dit un jour qu'il lui semblait
plus facile d'agir que de supporter l'inaction, et
elle ajouta : « Mais que la volonté de Dieu soit
faite ! J'ai paru faire beaucoup… il n'y a que ce
que l'on fait purement pour Dieu qui vaille
quelque chose. Je compte sur sa miséricorde. Je
ne vous demande pas de prier pour moi, je sais
que vous le faites ; je sais qu'on le fait et on est
bien bon ! » Quelquefois, elle commençait une
phrase, puis un long regard vers le ciel achevait
sa pensée.

« On est bien bon ! trop bon ! répétait-elle. Et,
avec une délicate tendresse : « Je suis soignée
aussi bien que possible : ce sont des attentions de
mère et de fille. »

Pauvre Mère ! hélas ! on sentit plus tard
surtout, combien tous les efforts avaient été
impuissants à la soulager : Dieu l'avait ainsi
voulu pour la purifier davantage.

Le 29, sa faiblesse étant extrême, on la pria
de se reposer et sa porte fut interdite. Lorsque
les infirmières entrèrent doucement, croyant
qu'elle se reposait, elles la trouvèrent à sa table,

achevant de répondre aux lettres reçues pour sa fête. Elle écrivit ainsi jusqu'à 4 heures.

« Vous ne vous effraierez pas, disait-elle, si vous trouvez mon écriture aujourd'hui bien changée. L'état de faiblesse auquel je suis réduite se fait depuis trois jours sentir sur les yeux en sorte que je vois juste pour conduire ma plume. Et comme, depuis trois mois, tout en me soignant bien, le mal va toujours croissant, je veux me hâter de répondre à vos bons souhaits pendant que je puis encore le faire moi-même car nul ne connaît l'avenir.

« Je devrais être à Beaupré mais quatre fois l'état de ma santé m'a empêchée de partir. Au moment où nous nous réjouissons de ce qui paraît un pas vers la guérison, un accident survient qui remet tout en question. Patience! il en sera ce que le bon Dieu veut. D'autres ont tant souffert, il est bien juste que j'aie mon tour. Je pense à votre sœur et à votre fille, si éprouvée dans ses enfants ! J'espérais que vous m'auriez donné de leurs nouvelles. »

Et elle entre dans les détails, comme elle eût pu le faire en parfaite santé.

Quand elle parle de guérison et de voyage, elle exprime bien plus les pensées et les espérances des autres que ses propres impressions. Après un entretien où on avait agité ces questions, elle dit comme en confidence à une personne présente : « On ne voit donc pas que je m'en vais ! »

Ses dernières lettres, simples et fortes, résument toutes les pensées, tous les sentiments qui occupaient son âme, aussi bien que les saintes affections qui avaient rempli sa vie religieuse, animé toute sa conduite et causé ses joies comme ses douleurs: l'Église, la France, Nazareth et ses chères Anciennes.

C'est sur les douleurs que s'achève sa vie : Dieu l'a ainsi voulu.

Cependant la pensée de l'Extrême-Onction la préoccupait. Elle demanda que l'on consultât le médecin à ce sujet. A la proposition de demander pour elle un Père français à Cantorbéry, elle répondit sans hésiter : « Non, je n'en ai pas pas besoin. J'avais deux choses à dire, je les ai dites au Père qui a donné la retraite, il a été très bon. Et comme la pauvre Supérieure insistait sur la consolation que procurerait cette visite : « Demandez au bon Dieu, dit la chère malade, non de me consoler mais de me donner la force. » Devinant l'émotion causée par ces paroles, elle ajouta avec une grande douceur : « Vous devriez être contente de voir que je ne crains pas de mourir. » Puis elle reprit : « J'aurai besoin de beaucoup de prières. Vous trouverez là — montrant le tiroir de sa table à écrire — les adresses de mes Anciennes à qui vous demanderez de prier pour moi. »

Elle fit ensuite promettre à la Mère Supérieure de brûler elle-même son cahier de notes spirituelles ; elle avait d'avance détruit toutes ses lettres et tous ses papiers personnels.

Se recueillant un moment, la vénérée Mère essaya de réciter de mémoire la prière de Pie X pour gagner l'indulgence à l'heure de la mort. La Mère Martel l'ayant aidée à la dire, elle reprit, en insistant sur chaque parole : *le genre de mort avec ses angoisses, ses peines, ses douleurs.*

Elle avait dû répéter souvent cet acte d'acceptation.

Tout était bien prêt de son côté pour le dernier sacrifice : elle attendait le moment suprême dans le calme et la paix.

Depuis plusieurs nuits l'infirmière couchait dans la chambre de la malade qui, ce soir-là, demanda si une religieuse veillerait auprès d'elle. La Mère Martel avait l'intention d'y rester elle-même ; c'est ce que prévoyait la Mère Vignon car elle s'y opposa absolument : « Non, dit-elle, vous vous devez à toute la communauté : une supérieure ne doit pas s'absorber dans une seule personne. » Pour ne pas lui causer une véritable peine, il fallut se rendre à cette leçon de détachement, si rigoureuse qu'elle fût.

La nuit se passa assez tranquille. Tout à coup vers 4 heures 1/2 un cri déchirant appela l'infirmière.

Pendant qu'on allait chercher le prêtre, la Mère supérieure accourue se mit à invoquer à haute voix la Sainte Vierge, la Sainte Famille, le Sacré-Cœur auprès de la chère patiente. Rien ne trahissait un trouble d'âme ; l'angoisse et l'agitation étaient toutes physiques.

Le médecin, étonné du changement opéré en deux jours, attribua à une hémorrhagie interne l'agitation extraordinaire qui s'était produite. Il ne donnait plus à la vénérée Mère que quelques heures à vivre.

Elle répéta souvent dans la journée les mêmes paroles, comme se demandant ce qui se passait, mais sans en achever le sens. « Que faut-il faire ? dit-elle enfin. On ne put que lui répondre : « S'abandonner au bon Dieu. » Ensuite elle ne parla plus.

Le visage restait calme et d'une gravité imposante ; les yeux ouverts paraissaient ne rien voir de la terre et plonger dans l'éternité. Le vendredi, les mouvements convulsifs qui secouaient les membres cessèrent peu à peu ; une partie du corps devint inerte.

Avec quelle anxiété on attendit un mouvement, un signe, une parole... qui ne vinrent pas ! Toujours la même impassibilité du visage, la même fixité du regard !

Le prêtre venait chaque matin, après sa messe, prononcer sur la chère mourante les paroles de l'absolution et on se succédait auprès d'elle dans une prière continuelle qui, seule, interrompait par intervalles le silence solennel de cette longue et mystérieuse agonie.

Le lundi 3 septembre, à 2 heures, au moment où sonnaient les Vêpres, dans un calme parfait, sans la moindre secousse, sans le plus léger mouvement, la Vénérée Mère rendit son âme à Dieu.

Peu à peu, son visage changea ; ses traits se détendirent et perdirent l'expression douloureuse des jours d'agonie. Au moment où sa dépouille mortelle fut déposée dans le cercueil, toute trace de maladie et de vieillesse avait disparu ; la physionomie était jeune et sereine, rayonnante de la paix du ciel.

Il a plu à Dieu de marquer du sceau de la souffrance et de l'humilité la fin de cette carrière de soixante-dix-huit années, dont cinquante-six furent passées dans la vie religieuse. Après avoir accompli jusqu'au bout dans cette âme choisie son œuvre de dépouillement et d'immolation, le Maître divin a voulu qu'elle disparût dans le silence : sa mort a été cachée en Dieu comme le secret intime de sa vie.

Mais Nazareth n'oubliera jamais son amour et son dévouement à toute épreuve ; la sainte influence de ses exemples et de son enseignement se perpétuera dans les générations de religieuses et d'enfants formées à son école, qui fut vraiment celle des fondateurs de la petite Société.

APPENDICE

QUELQUES PENSÉES DE LA MÈRE VIGNON
EXTRAITES DE SES CONFÉRENCES

De peur que notre imagination ne s'égarât, Notre-Seigneur a réuni en un seul mot tout ce que nous devons être : c'est *Nazareth*.

Il faut donc prendre nos Règles en main et nous dire : Suis-je pauvre, suis-je humble, silencieuse, obéissante, mortifiée, comme on l'était à Nazareth ?

Avec Jésus tout est dans l'ordre, dans la charité, dans le devoir. Le vrai imitateur de Jésus est heureux et rend heureux ceux qui l'entourent.

Une parole de Saint François de Sales m'a beaucoup servi : la voici, vous la trouverez comme moi, propre à vous aider en mille circonstances : *Je ne suis jamais mieux que quand je ne suis pas bien*. Parole digne d'un saint parce que l'amour de Dieu seul peut l'inspirer : ajoutons que, seul, un saint peut parfaitement la goûter.

Que d'occasions nous avons de l'appliquer dans nos journées !... Nous n'en finirions pas si nous voulions passer en revue toutes les circonstances où ce mot relèverait notre âme et nous remettrait dans l'esprit de foi.

Pour moi, j'y trouve tout un secret de perfection et j'y reviens sans cesse : essayez-en.

Il faut bien comprendre et bien retenir que chacune, quels que soient son rang et sa fonction, a le devoir de conserver à Nazareth, en ce qui dépend d'elle, son esprit de simplicité et d'humilité, le cachet distinctif imprimé par les Fondateurs. Et plus nos charges sont importantes, plus est grande en ce point notre responsabilité.

Aimer les pauvres, désirer s'occuper des pauvres c'est notre Règle ; mais pour entrer vraiment dans cet esprit, il faut s'incliner vers tout ce qui est disgrâcié, faible, petit, c'est-à-dire pauvre d'une manière ou d'une autre.

Cet amour, portons-le dans nos emplois : aimons ceux où il n'y a ni plaisir, si satisfaction d'amour-propre, ni éclat aux yeux des créatures. Que ce soit pour toute notre vie. « S'il y a une surveillance ennuyeuse à faire, s'il faut que quel-

qu'un y perde son temps, j'y perdrai le mien ! »
Je comprends qu'on n'aille pas se proposer pour
faire le cours de littérature dans une 1ᵉʳᵉ classe
mais pour un petit coin bien obscur pourquoi ne
pas s'offrir ? Les emplois humbles... que ce soit
la pente de notre cœur.

Nous pouvons aussi bien sauver les âmes
en balayant qu'en parlant de Dieu aux enfants.
Notre action personnelle n'est rien, nous faisons
l'œuvre de Nazareth, cela suffit.

L'honneur de la Société... sans doute il faut
être prête à tout lui sacrifier ; mais comment
faut-il l'entendre ? Ferez-vous consister cet
honneur en une réputation de femmes supérieures,
distinguées, pour les membres de la Société ? —
Non ! qu'on dise de la Communauté qu'elle est
fervente, c'est le plus bel éloge qu'on en puisse
faire, le seul qui doive faire battre notre cœur.

Nous aimons beaucoup qu'on fasse l'éloge de
nos enfants ; il nous est agréable d'entendre dire
qu'elles sont simples, bonnes, bien élevées ; mais
prenons garde ! même dans ce sentiment qui
nous paraît si désintéressé, il y a un écueil
pour l'humilité ; ne nous empressons pas de
rapporter l'éloge et, surtout, gardons-nous du
mépris !...

Pour moi, le succès n'est que l'annonce de
l'humiliation. Eh ! mon Dieu, que faut-il pour

détruire tout le renom d'une maison ? Une étourdie, une mauvaise tête... Sur tant d'enfants qui nous passent entre les mains, il serait bien étonnant qu'un jour ou l'autre il ne rejaillisse pas sur nous quelque chose de très peu flatteur des fautes ou des légèretés d'une ancienne élève. Il faut savoir accepter l'humiliation et demander l'humilité pour Nazareth comme pour nous.

La véritable union avec Notre Seigneur, ce n'est pas le sentiment de piété très tendre qu'on éprouve ordinairement à 14 ou 15 ans. La véritable union ne peut s'établir que sur la ressemblance, la conformité de souffrance et de sentiments. Quand Notre-Seigneur aime bien une âme, Il la fait passer par où Il a passé Lui-même.

La véritable union avec Notre Seigneur serait de se faire humble avec Lui, silencieuse avec Lui. Regardez notre sainte Duchesse (1) dans sa famille quand elle se laissait traiter de sotte, d'insensible, sans paraître seulement s'en apercevoir. Dès qu'elle entrait, on se taisait ou bien on chuchotait : « Elle ne comprend rien, elle ne sent rien. » Et jamais un mot un signe n'a trahi l'émotion intérieure qu'elle ressentait. Ah ! comme son âme était unie à Notre Seigneur.

(1) La Duchesse de la Rochefoucauld-Dondeauville, fondatrice de Nazareth. Vie. de Gigord, édit.

Soyons franches avec nous-mêmes, ayons des idées justes. Qu'est-ce que travailler et qu'est-ce que perdre son temps ? Appelons-nous travailler, cette ardeur avec laquelle nous nous livrons à une tâche qui est tout à fait de notre goût ? Appelons-nous perdre notre temps, rester dans une certaine inaction pour rendre un service, attendre une réponse, faire une surveillance ? Savoir attendre, savoir perdre son temps ainsi, c'est une bonne chose. En résumé, on perd son temps si l'on suit sa nature ; on ne le perd jamais en suivant la grâce.

Une parole m'a frappée dans la méditation de ce matin : « Heureux ceux qui font de tous leurs instants un cantique de louange à la gloire de Dieu ! »

La gloire de Dieu, mais c'est ce que nous avons désiré, voulu, ce que nous sommes venues chercher à Nazareth. Peut-être dites-vous : Quand je suis entrée au Couvent, je ne comprenais pas comme à présent cette glorification de Dieu. Il me semblait que pour la procurer, je devais être comme un canal entre les enfants et Dieu... mais à présent, oh ! j'ai bien compris que chacun de mes instants peut et doit être un cantique à la gloire de Dieu par l'immolation de moi-même.

Le Père de Ravignan avait trouvé ce moyen

pratique de travailler constamment à augmenter la gloire de Dieu : Etre toujours content de Dieu.

Oui, soyons contentes du bon Dieu toujours : *Gloria* ! Ce *Gloria* doit nous enivrer, nous arracher à nous-mêmes, car nous ne nous ferons saintes que lorsque nous serons hors de nous.

Croyez-moi, dans la lutte que vous avez entreprise, dans les révoltes de la nature, dans vos abattements, dans vos impuissances, vous aurez bien plus tôt et bien mieux fait d'aller, par un généreux élan, chercher au plus haut des cieux cette gloire de Dieu, que d'essayer de vous calmer, ou de vous exciter, ou de vous décider. *Gloria* ! gloire à Dieu ! je me réjouis d'être humiliée. Gloire à Dieu par mon humiliation, par mon sacrifice ! *Gloria* !

Vous vous donnez, mes filles, c'est bien, mais Notre Seigneur prendra tout. Vous donnez votre intelligence — vous aurez des sacrifices d'intelligence à faire. Votre jugement — il y aura des sacrifices de jugement. Votre volonté — une fois ou l'autre votre volonté sera sacrifiée, l'obéissance vous coûtera, et fortement, par ce que votre offrande n'est pas une vaine formalité, c'est une réalité et Celui qui la reçoit vous fera sentir qu'Il a vraiment pris possession de vous.

A mesure que le besoin de se dévouer s'empare

davantage d'une âme, sa tendance est de passer inaperçue, de se dérober à l'attention, à l'admiration, à la reconnaissance. Plus le dévouement est réel, mieux il se cache ; plus il se donne, moins il se fait sentir et plus il s'ignore lui-même.

Les religieuses qui édifient le plus sont celles qui, avec un zèle intelligent, se donnent tout entières au bien de leur emploi, consacrent tout ce qu'elles ont de force, de savoir faire, d'activité et gardent leur volonté fixée en Dieu seul. Elles ont la paix. Au milieu du tracas, des préoccupations, des affaires, le cœur est libre, il ne veut qu'une chose : plaire à Dieu. Il sait que les peines, les croix, les humiliations viennent de Lui et, si le calme de l'esprit échappe parfois, la paix intime de l'âme n'est pas troublée.

Le vœu est une chose bien grande, bien solennelle, si irrévocable qu'il ne venait pas à la pensée de Marie que Dieu même pût l'en relever.

Je n'ai pas à vous parler du mystère de Jésus à Nazareth, vous le connaissez et vous l'aimez. Arrêtez-vous à considérer ce travail de charpentier. Le travail bas, humble, matériel doit être le mien aussi. Je croyais avoir d'autres aptitudes ! Ah ! Jésus avait des aptitudes... et Il est là. Je dois aimer ce qu'Il a aimé, faire de sa vie ma

vie, non accidentellement mais constamment :
que mon cœur soit où a été son Cœur. J'aimerai
à me dépenser dans un emploi obscur où personne
ne pourra voir mon travail et ma peine.

Si vous avez quelque sacrifice à faire, oh !
sachez dire de tout votre cœur : « J'ai ce que j'ai
voulu. » Qu'est-ce que je voulais ? L'abnégation, le dévouement... Eh ! bien, les voilà. »

TABLE DES MATIÈRES

Imprimerie des Missions Africaines, 150, cours Gambetta, Lyon